Das Buch

Etwa 12 Millionen Tonnen Plastik gelangen jedes Jahr in die Weltmeere und töten dort über eine Million Seevögel und Hunderttausende Meeressäugetiere. Bis 2050 könnten sich – was das Gewicht betrifft – mehr Plastikpartikel als Fische in den Meeren befinden. Diese Entwicklung hat jetzt schon verheerende Folgen für das Ökosystem und birgt auch Gefahren für den Menschen.

Dieses düstere Szenario zeigt einmal mehr, dass die Umweltverschmutzung durch Plastik die größte ökologische Herausforderung unseres Zeitalters ist und sich dringend etwas ändern muss. Doch nicht nur Experten und Umweltaktivisten können das übernehmen, sondern jeder Einzelne: Jeder noch so kleine Verzicht auf Plastik im Alltag trägt einen Teil zum großen Ganzen bei.

Aber wie kannst DU etwas bewirken? Es ist ganz leicht ... Will McCallum, Head of Oceans bei Greenpeace, steht an der Spitze des Kampfes gegen Plastik und zeigt uns in seinem Ratgeber anschaulich, was wir zu Hause und in unserer Umgebung ganz einfach verändern können, um ein Teil dieser weltweiten Bewegung zu werden.

Der Autor

Als Head of Oceans bei Greenpeace UK engagiert sich Will McCallum in der Anti-Kunststoff-Bewegung. Regelmäßig trifft er sich mit der britischen Regierung und mit Unternehmen, um sie um Hilfe bei der Bewältigung der Kunststoffkrise zu bitten. Er leitet die globale Greenpeace-Kampagne zur Schaffung des weltweit größten Schutzgebietes im Antarktischen Ozean.

WILL McCALLUM

WIE WIR PLASTIK VERMEIDEN

… und einfach die Welt verändern

Aus dem Englischen
von Thomas Pfeiffer und Martin Bayer

Ullstein

Besuchen Sie uns im Internet:
www.ullstein-buchverlage.de

Deutsche Erstausgabe im Ullstein Taschenbuch
1. Auflage September 2018
© Will McCallum, 2018
© für die deutsche Ausgabe
Ullstein Buchverlage GmbH, Berlin 2018
Titel der englischen Originalausgabe: *How to give up plastic.*
A Guide to Changing the World, One Plastic Bottle at a Time,
erschienen 2018 bei Penguin Life,
an imprint of Penguin Books UK
Umschlaggestaltung: zero-media.net, München, nach einer
Vorlage von Chris Bentham
Titelabbildung: © Chris Bentham
Illustrationen im Innenteil: © Jennifer Brogger, 2018
Satz: LVD GmbH, Berlin
Gesetzt aus der Sabon und der Trade Gothic
Druck und Bindearbeiten: GGP Media GmbH, Pößneck
ISBN 978-3-548-06062-0

ZUR VERWENDUNG VON PLASTIK UND PAPIER IN DIESEM BUCH

Der Verlag hat alles in seiner Macht stehende unternommen, um bei der Herstellung dieses Buches auf die Verwendung von Plastik zu verzichten. Das Buch ist nicht – wie sonst üblich – extra eingeschweißt und auch der Umschlag kommt ohne die konventionelle Laminierung aus. Die ausgewählten Papiermaterialien sind nach den Richtlinien des »Blauen Engel« zertifiziert. Dieser garantiert die überwiegende Verwendung von Papierprodukten aus Altpapier. Das vermindert die Abwasserbelastung und den Ressourcenverbrauch sowie den Wasser- und Energieeinsatz. Die Produktion des Buches unterliegt darüber hinaus dem FSC-Standard. Außerdem erfolgt der Druck mit mineralölfreien Farben.

All jenen gewidmet, die tagtäglich gegen die Flut der Plastikverschmutzung auf der ganzen Welt kämpfen – möge die Macht mit euch sein und dieses Buch ein wenig dabei helfen.

INHALT

VORWORT

Das Thema »Kunststoffverschmutzung im Meer und in der Umwelt allgemein« ist in den vergangenen Jahren wie kein anderes Umweltthema der jüngeren Geschichte in das öffentliche Bewusstsein gerückt. Viele zehn Millionen Menschen auf der ganzen Welt haben *Unser Blauer Planet II* gesehen, David Attenboroughs Blockbuster-Serie, und mit Entsetzen mitverfolgt, wie ein Albatros seine Küken mit kleinen Plastikstückchen fütterte, die er für Nahrung hielt. Wir alle kennen das: Wir gehen an einem schönen Ort spazieren, und am Wegrand sticht uns eine weggeworfene Plastiktüte oder gleich ein ganzer Haufen Plastikmüll ins Auge, der den Anblick verschandelt. Das wissenschaftliche Verständnis der Auswirkungen von Kunststoffverschmutzungen sowie die Entwicklung von Lösungen ihrer Vermeidung stecken noch in den Kinderschuhen – und doch wächst mit unserem zunehmenden Verständnis für das wahre Ausmaß des Problems der Wunsch, endlich etwas dagegen zu unternehmen.

In den Jahren, in denen ich Kampagnen gegen Plastik geführt habe, lautete die häufigste Frage, die mir gestellt wurde: Was kann ich tun, um zu helfen? Es würde den Rahmen dieses Buches sprengen, für jedes Plastikprodukt Alternativen aufzuzeigen, und angesichts der rasanten Entwicklung in der Forschung und von Innovationen in diesem Feld kann man davon ausgehen, dass schon wenige Monate nach Erscheinen von *Wie wir Plastik vermeiden* viele neue Alternativen auf dem Markt sind. Deshalb enthält dieses Buch zahlreiche Quellen, anhand derer ihr selbst nach Produkten recherchieren könnt, die hier nicht behandelt werden. Es gibt euch auch die Fakten zum Thema und die notwendigen Kampagneninstrumente an die Hand, um andere – Freunde, Familie, Kollegen, lokale Unternehmen und Politiker – zu überzeugen, mit uns für eine Welt zu kämpfen, in der die Plastikverschmutzung der Vergangenheit angehört.

Wenn ich in diesem Buch von Plastik spreche, meine ich in erster Linie Einwegkunststoffe – also Kunststoffe, die einmal verwendet und dann weggeworfen werden und oft Jahrhunderte brauchen, bis sie vollständig abgebaut sind. Dinge wie Plastiktüten, Strohhalme, Kaffeebecher und Kunststoffverpackungen. Ich konzentriere mich darauf, weil wir als Individuen nicht nur ein immer größeres Problem für die Weltmeere darstellen, sondern auch am meisten bei uns zu Hause und vor Ort in unseren Gemeinden bewirken können. Und weil Einwegplastik meiner Meinung nach exemplarisch für das Problem der Plastikverschmutzung steht. Es ist nicht so, dass dieses Material – billig, flexibel und in vielen Fällen lebensrettend, wenn es um medizinische Anwendungen geht – von Natur aus schlecht wäre. Das Problem ist vielmehr, dass eine Wegwerfkultur um den Einmalgebrauch entstanden ist, die weder für die Gesellschaft noch für die Ozeane gesund ist – und wenn die Plastikkrise in unseren Meeren überhaupt einen Silberstreifen hat, dann vielleicht, dass sie der Katalysator ist, der uns dazu bringt, aus diesem destruktiven Muster auszubrechen.

Zum Schluss noch ein Wort über die Notwendigkeit von Kunststoff für das Leben mancher Menschen, sei es, weil jemand aufgrund von Mobilitätseinschränkungen Flüssigkeit durch einen Strohhalm trinken muss, sei es, weil das Wasser, das aus dem Wasserhahn fließt, nicht zum Trinken geeignet ist: Natürlich sprechen in manchen Fällen gute Gründe für die Verwendung von Einwegkunststoffen. Diese Ausnahmen von der Regel bedeuten, dass es in unserem Bestreben, Plastik zu vermeiden, wichtig ist, nicht sofort mit dem Finger auf andere zu zeigen, ohne den Kontext zu kennen. Allerdings sollten Unternehmen und Regierungen diese Umstände *nicht* als Vorwand missbrauchen, um auf Maßnahmen und Innovationen zu verzichten, die dazu dienen, Alternativen zu finden – wie im Auszug von Jamie Szymkowiak, Gründer der Behindertenrechtsorganisation *One in Five*, auf S. 146 erläutert. Plastik ist in unserer Welt so allgegenwärtig, dass es, wenn wir im Kampf gegen die Kunststoffverschmutzung Erfolg haben wollen, eine Reise sein muss, die Menschen zusammenbringt, unabhängig von den Umständen, in denen sie leben.

EINFÜHRUNG

»Kannst du mal kurz mitkommen? Das musst du dir ansehen.« Grant Oakes, unser Biosicherheitsbeauftragter an Bord der *Arctic Sunrise*, dem Eisbrecher von Greenpeace, holt mich aus der Kombüse und führt mich in unser provisorisches Labor im Frachtraum, wo er ein Mikroskop aufgestellt hat. Als er die Petrischale unter der Linse des Mikroskops dreht, konzentriere ich mich auf das Objekt des Anstoßes – hartes, helles Rosa mit gezackten Kanten, das ganz offenkundig nicht natürlichen Ursprungs ist. Wie es aussieht, haben wir unser erstes Plastikfragment in den unberührten antarktischen Gewässern gefunden, durch die wir seit einiger Zeit kreuzen. Ein paar weitere Kollegen gesellen sich zu uns, und reihum untersuchen wir den rosafarbenen Splitter. Ob es sich tatsächlich um Plastik handelt, können wir erst in einem Monat mit Sicherheit sagen, wenn wir es zur Analyse in unser Labor an der Universität Exeter bringen, aber für das ungeschulte Auge ist es schwer vorstellbar, dass es sich um etwas anderes handeln könnte. (Ein paar Wochen später bestätigten die Ergebnisse aus dem Labor, dass wir in der Tat zwei Plastikfragmente in Gewässern gefunden hatten, die viele hundert Kilometer von der nächsten menschlichen Besiedlung entfernt liegen.)

Die Reaktionen in der Kombüse fallen alles andere als überrascht aus; wenn überhaupt, dann haben wir so etwas schon früher erwartet. Greenpeace-Schiffe testen seit Mitte der 1990er-Jahre die Meere auf Kunststoffe, und in den letzten Jahren haben wir in allen Ozeanen, in denen unsere Schiffe kreuzen, immer mehr davon aus den Schleppnetzen gezogen. Wie auf allen drei Schiffen von Greenpeace üblich, nutzen wir jede sich bietende Gelegenheit, um mit einem feinmaschigen, an der Öffnung einen Meter durchmessenden Netz nach Kunststoffen im Wasser zu fischen. Von den Permafrostböden der arktischen Tundra bis hin zu den tiefsten Gräben im Ozean haben Wissenschaftler fast überall Kunststoffe gefunden. Warum also nicht auch hier unten in der Antarktis, am Ende der Welt, einem Kontinent, der bis auf ein paar Forschungsstationen unbewohnt und unberührt ist.

Wir sind seit fast zwei Monaten auf dem Schiff. Wir kooperieren mit Wissenschaftlern, Journalisten und Prominenten, um das Bewusstsein für die Notwendigkeit zu schärfen, diese gewaltige Wildnis zu schützen. Es ist eine Landschaft, wie ich sie noch nie zuvor erlebt habe – die meiste Zeit verhüllt in dichtem Nebel, der sich gelegentlich hebt und dann den Blick freigibt auf dramatische Gipfel und riesige Gletscher, die ins Wasser stürzen. Das Hauptgesprächsthema an Bord ist der unglaubliche Reichtum der Tierwelt um uns herum. Man muss nur lange genug aufs Meer schauen, und mit an Sicherheit grenzender Wahrscheinlichkeit bekommt man die Flosse eines Buckelwals oder eine kleine Gruppe von Pinguinen zu sehen, die zwischen den zerklüfteten Eisbergen aus dem Wasser hüpfen. Dass inzwischen selbst diese eisigen Gewässer mit Kunststoffen verschmutzt sind, die eine halbe Welt entfernt produziert werden, ist ein ernüchternder Gedanke.

Um zu diesem düsteren Schluss zu gelangen, muss man aber gar nicht bis in die Antarktis reisen. Jeder, mit dem ich über das Thema spreche, hat die Erfahrung gemacht, dass uns der Plastikdreck überallhin verfolgt. Es ist fast unmöglich, unsere Lieblingsstrände zu besuchen oder an einem Fluss entlangzuwandern, ohne dabei irgendwelches Plastik auf seinem Weg ins Meer im Wasser treiben zu sehen. Das Problem der Plastikverschmutzung liegt so vielen Menschen am Herzen, denn es betrifft uns alle, jeden Tag. Von den Titelseiten der Boulevardzeitungen bis hin zu Politikern, die in den Parlamenten lange Debatten führen; von ganz normalen Familien, die versuchen, auf Plastik zu verzichten, bis hin zu prominenten Befürwortern von Produkten, die vorgeben, besser für die Umwelt zu sein – nahezu jeder spricht von der Notwendigkeit, eine Lösung für die Plastikflut zu finden, die sich in unsere Ozeane ergießt.

Auf der ganzen Welt werden sich immer mehr Menschen bewusst, wie grotesk die Situation ist, in die wir uns hineinmanövriert haben: Uns ist es gelungen, ein Material zu erschaffen und es in einem unglaublichen Ausmaß zu verwenden, ohne jedoch einen Plan dafür zu haben, was wir hinterher mit dem ganzen Zeug anfangen sollen. Einwegplastikbesteck, Plastiktüten und mit Kunststoff beschichtete Kaffeebecher sind zu einem zentralen Bestandteil unseres Lebens geworden – einmal für ein paar Minuten benutzt, brauchen sie Jahrzehnte oder gar Jahrhunderte, bis sie endlich abgebaut sind. Wir können so nicht weitermachen: Wir hinterlassen zukünftigen Generationen eine Welt, in der bis zum Jahr 2050 vom Gewicht her mehr Plastik im Meer schwimmen könnte als Fische. Jegliches Vorstellungsvermögen sprengende Zahlen und der wachsende Ärger von immer mehr Menschen über den Verpackungswahn und nutzlose Plastikprodukte treiben eine globale Bewegung an, deren Mitglieder bereit sind, über das bloße Reden hinauszugehen und tatsächlich etwas gegen das Problem zu unternehmen.

Dieses Buch richtet sich an alle, die jetzt handeln wollen, aber nicht wissen, wie und wo sie damit anfangen sollen. Angesichts eines Problems dieser Größenordnung ist es nicht unbedingt einfach herauszufinden, welche Rolle man spielen, ob man tatsächlich etwas bewirken kann. Ich behaupte nicht, alle Antworten zu haben, aber nachdem ich ein paar Jahre für die Reduzierung von Kunststoffen gekämpft, mit Menschen über ihre Erfahrungen gesprochen und mit Unternehmen und Politikern darüber verhandelt habe, was sie tun können, habe ich diesen Leitfaden zusammengestellt, der euch helfen soll, einen Beitrag im Kampf gegen Plastik zu leisten. Von unseren Küchentischen bis zu den Vorstandsetagen multinationaler Unternehmen: Die Bewegung zur Beendigung der Plastikverschmutzung ist darauf angewiesen, dass jeder an Bord kommt und tut, was er zu tun imstande ist – zu Hause, am Arbeitsplatz und in der Umgebung.

Wenn ihr nur eine Botschaft aus diesem Buch mitnehmen solltet, dann diese: Das Problem der Plastikverschmutzung betrifft uns alle, und deshalb tragen wir auch alle die Verantwortung dafür, jeder für sich als Individuum, aber vor allem gemeinsam, als Kollektiv. Als Individuen können wir unser Verhalten ändern, unseren Plastikverbrauch einschränken und helfen, die Plastikflut wenigstens ein kleines bisschen einzudämmen. Gemeinsam aber können wir viel, viel mehr erreichen. Wenn du deine Aktionen verstärkst, indem du mit deinen Freunden, Kollegen und in den sozialen Medien darüber sprichst, könnt ihr so viel mehr bewirken, als wenn jeder nur hinter verschlossener Tür vor sich hin werkelt. Und gemeinsam mit anderen in deiner Community die Botschaft laut und deutlich an diejenigen senden, die mehr Macht in Politik und Wirtschaft haben, ist vielleicht unsere beste Chance, eine Welt ohne Plastikmüll wahr werden zu lassen.

Das Problem der Plastikverschmutzung betrifft uns alle, und deshalb tragen wir auch alle die Verantwortung dafür, jeder für sich als Individuum, aber vor allem gemeinsam, als Kollektiv.

MEINE FÜNF TOP-TIPPS, UM PLASTIK ZU VERMEIDEN

Nur für den Fall, dass du es in diesem Buch nicht weiter schaffst als bis zu dieser Einführung — weil du das Buch verlierst oder einfach keine Zeit zum Lesen findest —, gibt es gleich zu Beginn und ganz im Sinne eines nützlichen Leitfadens für jeden, egal, wer er ist und wie seine Umstände aussehen, meine fünf Top-Tipps, um Plastik zu vermeiden.

1 **Geh auf plastikfreie Einkaufstour.** Wer würde in einem Buch über die Reduzierung der Abfallmenge, die wir tagtäglich produzieren, erwarten, dass der erste Ratschlag für die Abkehr vom Plastikwahn lautet, shoppen zu gehen? Unverzichtbar für ein kunststofffreies Leben sind: eine stabile Wasserflasche, ein wiederverwendbarer Kaffeebecher, eine Stofftragetasche (oder ein Rucksack) für den Einkauf, eine Lunchbox und ein paar Aufbewahrungsbehälter für Lebensmittel.

2 **Mach einen Plastikfrei-Großputz.** Beginne im Badezimmer, arbeite dich ins Schlafzimmer vor und dann weiter in die Küche. Werfe einen Blick auf die Inhaltsangaben deiner Kosmetikprodukte, und prüfe sie darauf, ob sie Mikroperlen enthalten; verbanne Einweg-plastikhalme und -plastikbesteck aus deinem Küchen-schrank. Du weißt nicht, was du damit machen sollst? Du kannst sie jederzeit an die zurückschicken, von denen du sie gekauft hast – verbunden mit der Nachricht, dass Ein-wegkunststoff bei dir zu Hause nichts mehr verloren hat.

3 **Mach Werbung für Plastikfrei.** Wir nehmen Rat-schläge viel eher an, wenn sie von Freunden oder der Familie kommen, statt sie in einem Buch zu le-sen oder im Fernsehen zu sehen. Gebe praktische Tipps an deine Freunde und Nachbarn weiter (du könntest ihnen sogar ein Exemplar dieses Buches schenken). Verbreite die gute Nachricht, dass ein plastikfreies Leben einfacher ist, als viele denken – und dass jedes kleine bisschen hilft.

4 **Erstelle ein paar Plastikfrei-Pläne.** Stimmt, es erfordert ein wenig Planung, wenn man Plastik aus seinem Leben verbannen will. Nutze einen verreg-neten Tag, um herauszufinden, welche Geschäfte in deiner Nähe bereits weniger Plastik benutzen. Gibt es in der Nachbarschaft einen Gemüsehändler, der dich dein Obst und Gemüse so einpacken lässt, wie du es willst? Gibt es in der Nähe deines Arbeitsplatzes nur Fast-Food-Läden? Dann könntest du dir Lunchpakete für jeden Tag der Woche zubereiten. Mach dir Gedanken über deine plastikfreie Routine, und schreibe sie in dein Tagebuch.

5 **Starte deine eigene Plastikfrei-Kampagne.** Recherchiere in deiner Nachbarschaft, welche Geschäfte zu viel Plastik verwenden und welche die lokalen Plastikfrei-Champions sind. Spreche mit Geschäftsinhabern darüber, was sie tun könnten, um weniger Plastik zu verwenden. Warum bieten sie nur Plastikbesteck und Einwegkaffeebecher an? Haben sie jemals darüber nachgedacht, Pappschalen anstelle von Styropor zu verwenden? Bitte deine Freunde, sich dir anzuschließen und diese Geschäfte aufzufordern, ihr Verhalten zu ändern — schließlich hat der Kunde immer recht!

1

EINE KURZE GESCHICHTE DES KAMPFS GEGEN PLASTIKMÜLL

Mikroperlen verbieten

Noch vor einigen Jahren konnte sich niemand vorstellen, dass die Welt einmal über winzige Plastikkugeln in Aufruhr geraten würde. Die meisten Menschen, mich eingeschlossen, hatten noch nie von Mikroperlen gehört – winzige Plastikfragmente mit weniger als 5 Millimeter Durchmesser, die über die Jahre hinweg heimlich, still und leise immer mehr Haushaltsprodukten hinzugefügt wurden und explizit darauf ausgelegt sind, dass sie den Abfluss hinuntergespült werden. Darüber jedoch, wo diese Mikroperlen am Ende landen, hatte sich offenbar niemand Gedanken gemacht. Doch dann erschien im Dezember 2013 eine wissenschaftliche Studie, die das Ausmaß der Plastikverschmutzung in den Großen Seen Nordamerikas dokumentierte. Im Ontariosee, dem kleinsten der großen Seen, wurde die

Konzentration auf bis zu 1,1 Millionen Mikroperlen pro Quadratkilometer geschätzt.

Alarmiert durch diese Forschungserkenntnisse, formierte sich binnen kurzer Zeit eine Kampagne, und innerhalb von nicht einmal zwei Jahren verabschiedete der Kongress der Vereinigten Staaten ein Gesetz, das Mikroperlen in vielen (wenn auch leider nicht allen) Produkten verbietet. Der damalige Präsident Barack Obama profitierte von dem Umstand, dass die Großen Seen nicht nur auf dem Hoheitsgebiet von zwei Ländern liegen und eines der beliebtesten Urlaubsziele für Amerikaner sowie ein bedeutendes Wirtschaftszentrum sind, sondern auch über ein Fünftel des weltweiten Süßwasservorrats speichern. Sie vor Verschmutzung zu schützen war ein Anliegen, das alle politischen Klüfte überbrückte. Die Nachricht von dem Verbot erreichte das Vereinigte Königreich, und obwohl einige von uns, die sich für den Schutz der Meere engagieren, von dem Problem der Mikroperlen wussten, zogen wir es erst jetzt in Betracht, das Thema in unserer Neujahrs-Resolution aufzugreifen und ein Verbot von Mikroperlen auch in Großbritannien zu fordern. Wenn Obama diese »Microbeads« verbieten konnte, warum dann nicht auch unsere Regierung?

Natürlich war dies nicht der erste große Schritt im Kampf gegen den Plastikmüll – und auch nicht der beeindruckendste. Bangladesch etwa hat bereits 2002 als erstes Land weltweit Plastiktüten verboten, nachdem die verheerenden Überschwemmungen in dem Land um die Jahrtausendwende durch

Plastiktüten verschlimmert worden waren (allerdings ist Plastik so langlebig, dass Plastiktüten dort weiterhin große Probleme verursachen). Kampagnen wie das von Annie Leonard gegründete »The Story of Stuff«-Projekt haben sehr erfolgreiche virale Online-Videos gedreht, in denen Spott und Häme über Einwegplastik vergossen wird. In Großbritannien kündigte der stellvertretende Premierminister Nick Clegg im Herbst 2013 nach einer erfolgreichen Kampagne der Marine Conservation Society und anderen Initiativen die Einführung einer Gebühr von 5 Pence auf Plastiktüten in größeren Geschäften an – eine Gebühr, die nun auch auf kleinere Einzelhändler ausgedehnt werden soll, nachdem festgestellt wurde, dass sie eine 85-prozentige Reduzierung des Plastiktütenverbrauchs bewirkte. Rund um die Welt, von Afrika südlich der Sahara bis San Francisco, nahm eine wachsende Bewegung gegen Plastik an Fahrt auf.

Im Januar 2016 brachte Greenpeace UK eine Petition gegen Mikroperlen auf den Weg, und schnell entstand daraus eine Koalition mit anderen britischen Organisationen, die ebenfalls an diesem Thema arbeiten – darunter die *Marine Conservation Society*, *Fauna & Flora International* und *Environmental Investigation Agency*. Der Erfolg der Kampagne übertraf sämtliche Erwartungen. Binnen kürzester Zeit unterzeichneten Hunderttausende von Menschen unsere Petition zum Verbot von Mikroperlen, berichteten Zeitungen wie die *Daily Mail* auf den Titelseiten über unsere Kampagne und standen Prominente Schlange, um der Bewegung beizutreten. Der aufgestaute Ärger über die Plastikverschmutzung schlug um in eine öffentliche Empörung darüber, dass und in welcher Weise diese Mikroperlen den Verbrauchern untergejubelt worden waren; die Leute hatten keine Ahnung gehabt, dass sie mit jeder Gesichtswäsche Tausende von Mikroperlen ins Meer spülen, und entsprechend fühlten sie sich hinters Licht geführt.

Für uns Kampagnenleiter war das wie ein Geschenk – ein simples Verbot stellte eine effektive Lösung dar und wurde zudem noch von der Bevölkerung unterstützt. Alles, was wir tun mussten, war, die Empörung in die richtige Richtung zu lenken, in Richtung des zuständigen Ministers, der Veränderungen herbeiführen könnte; gemeinsam mit unseren Koalitionspartnern Beweise dafür zu sammeln, warum ein Verbot notwendig war und wie es gesetzlich verankert werden könnte; und möglichst viele Unternehmen zu ermutigen, die Dynamik aufrechtzuerhalten und sich freiwillig zu verpflichten, bis zu einem endgültigen Verbot keine Mikroperlen mehr zu verwenden. Allerdings wurde schnell klar, dass es sich dabei, was die Frustration der Menschen über Plastik und auch das Ausmaß des Problems selbst anging, nur um die Spitze des Eisbergs handelte. Jeden Morgen erwartete mich bei der Arbeit ein Postfach voller Fragen und Anregungen, was wir sonst noch tun könnten, um Plastik zu vermeiden.

Plastikflaschen zu einer Sache der Vergangenheit machen

Damit waren alle Voraussetzungen erfüllt, und die Kampagne weiter auszubauen. Mit zwei Fragen begannen wir unsere Suche danach, worauf wir uns als Nächstes konzentrieren sollten. Erstens, woher stammt eigentlich das ganze Plastik im Ozean? Und zweitens, wo kann Greenpeace unserer Meinung nach am meisten dafür tun, dass es erst gar nicht dorthin gelangt? Als eine Organisation, die dafür bekannt ist, Maßnahmen zum Schutz der Umwelt zu ergreifen, ist Greenpeace oft die erste Anlaufstelle für Menschen, die etwas gegen die Umweltzerstörung tun wollen, die sie um sich herum erleben. Wir hatten die Möglichkeit, mit gutem Beispiel voranzugehen und den Kampf gegen Plastik in Großbritannien mitzugestalten. Auf der Suche nach Antworten sprachen wir mit allen – von Wissenschaftlern bis hin zu CEOs, von Greenpeace-Anhängern bis hin zu Journalisten. Sehr schnell stellte sich heraus, dass trotz des enormen Ausmaßes des Problems im Vergleich zu anderen Umweltproblemen vergleichsweise wenige Forschungsberichte dazu veröffentlicht wurden. Also erstellten wir eine Literaturübersicht zum Problem der Mikrokunststoffe in Meeresfrüchten, die ergab, dass in den letzten zwei Jahren mehr Artikel zu diesem Thema veröffentlicht worden waren als in den drei vorangegangenen Jahrzehnten zusammen. Darüber hinaus wurde klar, dass eine Kampagne gegen

Kunststoffverschmutzung kein kurzfristiges Projekt sein würde; wenn wir wirklich etwas ändern wollten, würden wir uns viele Jahre dafür engagieren müssen.

Die Frage lautete: Wo sollen wir ansetzen? Jedes Jahr veröffentlicht die amerikanische Umweltschutzorganisation *Ocean Conservancy* einen Bericht über ihre internationalen Strandsäuberungen, eine regelmäßig stattfindende Aktion, bei der mehr als eine halbe Million Menschen in über einhundert Ländern Müll an ihren Stränden einsammeln und die gefundenen Mengen protokollieren. Und jedes Jahr fallen die Ergebnisse in etwa gleich aus: An der Spitze stehen Zigarettenstummel, die mehr als ein Fünftel aller jährlich gesammelten Objekte ausmachen, aber auch Plastikflaschen und Plastikflaschenverschlüsse schaffen es konsequent unter die ersten fünf – zusammen mit dem Zigarettenstummeln würden sie den ersten Platz belegen. Aus Recherchen meiner Kollegen, die breit angelegte Umfragen durchgeführt hatten, wussten wir, dass Plastikflaschen definitiv ein Thema sind, das die Menschen in Rage versetzt. Eigentlich ist uns klar, wie grotesk wir uns verhalten, wenn wir eine Flasche Wasser oder ein kohlensäurehaltiges Getränk kaufen und diesen perfekten Behälter dann nach einmaligem Gebrauch in die Tonne treten – und trotzdem gehen allein in Großbritannien immer noch jeden Tag 35 Millionen Plastikflaschen über die Ladentheke.

Nicht einmal die Hälfte der 13 Milliarden Plastikflaschen, die wir Briten jedes Jahr in den Müll werfen, wird recycelt. Coca-Cola, der weltgrößte Hersteller von Getränken in Plastikflaschen, schätzt, dass der Konzern pro Jahr über 120 Milliarden Plastikflaschen produziert – eine Menge, mit der man aneinandergereiht fast 700 Mal die Erde umwickeln könnte. Kein Wunder also, dass so viele davon in unseren Flüssen, an unseren Stränden und schlussendlich in unseren Meeren landen. Wenn Greenpeace etwas bewegen wollte, waren Plastikflaschen ein naheliegender Ausgangspunkt.

Nicht einmal die Hälfte der 35 Millionen Plastikflaschen, die Briten täglich in den Müll werfen, wird recycelt.

Was aber tun bei einem so allgegenwärtigen Produkt? Das erste Ziel lautete, die Zahl der Plastikflaschen in den Geschäften zu reduzieren. Wir können einfach nicht mehr die Menge an Kunststoff produzieren, die wir derzeit produzieren – die schiere Abfallmenge, die wir erzeugen, kann kein noch so effizientes Abfall- oder Recyclingsystem bewältigen. Unternehmen, die Plastikflaschen in diesen Mengen herstellen, müssen Pilotprojekte anstoßen, die uns von Einwegbehältern abbringen: zum Beispiel Getränkebrunnen und Mehrwegflaschen. Die Verwendung alternativer Materialien birgt ebenfalls ein gewisses Potenzial, aber da jedes Material, das in dieser Größenordnung zum Einsatz kommt, aller Wahrscheinlichkeit nach negative Auswirkungen hat, sollte die Suche nach der besten Alternative zu Kunststoff nicht auf Kosten alternativer Liefersysteme gehen.

In Anbetracht der Tatsache, dass es lange dauern kann, bis wir Plastikflaschen zu einer Sache der Vergangenheit gemacht haben, überlegten wir uns, was wir jetzt sofort unternehmen konnten. Und schlossen uns der Campaign to Protect Rural England an, der Kampagne zum Schutz des ländlichen Englands, die sich bei der Regierung in London für die Einführung eines Pfandrückgabesystems einsetzt, das dem britischen Milchflaschensystem entspricht, bei dem man für jede gekaufte Flasche ein kleines Pfand bezahlt, das man bei der Rückgabe zurückbekommt. Deutschland und Norwegen haben auf diese Weise bei Kunststoffflaschen eine Recyclingquote von

90 Prozent erreicht. Daneben setzen wir uns dafür ein, dass sich die Unternehmen dazu verpflichten, den Anteil an recycelten Inhaltsstoffen in den von ihnen produzierten Plastikflaschen zu erhöhen. Durch die auf diese Weise gesteigerte Nachfrage nach recyceltem Material wird ein zusätzlicher Anreiz geschaffen, die Flaschen durch Maßnahmen wie Pfandrücknahmesysteme zurückzugewinnen, statt zuzulassen, dass sie irgendwo in die Landschaft geworfen werden oder auf Deponien landen.

Die Kampagne funktioniert – vielleicht nicht schnell genug für meinen Geschmack, aber immerhin ist Bewegung in die Sache gekommen. So hat die schottische Regierung die Einführung eines Pfandrückgabesystems beschlossen, und im März 2018 hat der britische Umweltminister Michael Gove angekündigt, ein solches System landesweit einzuführen. Coca-Cola hat sich öffentlich dazu verpflichtet, jede einzelne der vielen Milliarden Flaschen, die sie jedes Jahr produzieren, zu recyceln (wie der Konzern das zuwege bringen will, bleibt allerdings noch abzuwarten). Noch sind diese Zusagen zwar nicht mehr als Versprechungen auf dem Papier, aber sie sind ein Indiz dafür, dass die Unternehmen und die Politik endlich die Notwendigkeit erkannt haben, jetzt zu handeln, um Plastik zu vermeiden.

Dass man bei Umweltkampagnen das Gefühl bekommt, auf der Gewinnerseite zu stehen, passiert selten. Um ehrlich zu sein, wenn ich an der Westküste Schottlands Kajak fahre und die mit Plastik vermüllten Strände sehe, neben denen wir campen, kann man leicht vergessen, dass die Kampagne tatsächlich gut läuft – doch die Bewegung wächst schnell. Ich bin es gewohnt, an Kampagnen zu arbeiten, bei denen sich der Wandel in Minischritten vollzieht und das öffentliche Interesse vergleichsweise gering ist. Wenn man bei Greenpeace arbeitet, ist man daran gewohnt, von außen zu versuchen, sich Gehör bei den Mächtigen und Einflussreichen zu verschaffen. Wenn dann plötzlich Politiker, Journalisten und Topmanager darum buhlen, unsere Meinung zu einem Thema zu hören, dann ist das eine eher ungewöhnliche Erfahrung. Der Ruf danach, die Ozeane nicht länger als Plastikmüllkippe zu missbrauchen, ertönt aus so vielen Richtungen, dass wir uns zwar manchmal über den besten Weg streiten mögen, wie das Ziel zu erreichen ist, aber es sich trotzdem so anfühlt, als würden wir auf einer Welle reiten, die bahnbrechende Veränderungen möglich erscheinen lässt.

Das Problem an der Wurzel packen

Ich entschied mich für eine Kampagne gegen die Plastikverschmutzung, auch weil das Thema meiner Meinung nach perfekt auf Greenpeace zugeschnitten war. Trotz jahrelanger, von mehreren Organisationen betriebener Kampagnen für einen schrittweisen Wandel in der Politik schienen die überwiegende Mehrheit der auf die Plastikproblematik zielenden Kampagnen und die entsprechende

Kommunikation in der Öffentlichkeit darauf ausgerichtet, ganz normalen Menschen und Verbrauchern ein Schuldgefühl dafür einzuimpfen, dass sie zu viel Kunststoff verbrauchen und zu wenig davon recyceln. Kein Wort davon, dass es selbst für Leute mit den besten Absichten nahezu ein Ding der Unmöglichkeit ist, völlig auf Plastik zu verzichten und nicht zu der immer weiter anschwellenden Flut an Plastikmüll beizutragen. Sosehr es auf der Hand liegt, dass jeder von uns viel tun kann, um eine Veränderung zu bewirken, so unverkennbar ist auch, dass die Hersteller von Kunststoffverpackungen nach wie vor viel zu viel davon produzieren; ohne jeden Plan, was mit dem Plastik passiert, nachdem es einmal verwendet und dann weggeworfen wurde. Die Politik geht einfach nicht weit genug, um die Produzenten zur Verantwortung zu ziehen. Es ist nicht deine Schuld, wenn das lokale Recyclingsystem nicht in der Lage ist, die Menge oder die Art von Kunststoffen zu bewältigen, in die alles Mögliche in Geschäften und Supermärkten verpackt ist – und daher kann es gar nicht fair sein, den Verbrauchern die volle Verantwortung für die Entsorgung des Plastikmülls aufzubürden.

Diese Diskrepanz zwischen den Verursachern des Problems einerseits und denjenigen, die in unserer Gesellschaft dafür verantwortlich gemacht werden, brachte mich zu dem Schluss, dass Greenpeace sich engagieren muss. Wir brauchten eine Kampagne, um dafür zu sorgen, dass alle – auch Unternehmer und Politiker – den Druck spüren und ihren Teil zu einer Kehrtwende in Sachen Plastik beitragen, selbst wenn dies einige ziemlich radikale Veränderungen bedeutet. Nur wenn – über alle Ländergrenzen hinweg – Bürger, Staaten und Unternehmen die Verantwortung für die Plastikvermüllung der Ozeane gemeinsam übernehmen, haben wir eine Chance, kollektiv Lösungen für das Problem zu finden. Deshalb geht dieses Buch auch über bloße Empfehlungen dafür hinaus, was jeder von uns bei sich zu Hause tun kann (so wichtig dies auch ist). Ich teile hier mit euch alles, was ich und meine Mitstreiter bei Greenpeace über den Umgang mit Unternehmen und Regierungen gelernt haben – verbunden mit der Hoffnung, dass ihr in eurem Umfeld die Botschaft von der Notwendigkeit auf Plastik zu verzichten, weiterverbreiten könnt.

Dem einzelnen Verbraucher die volle Verantwortung aufzubürden kann nicht gerecht sein.

Von Anfang an habe ich diese Kampagne gemeinsam mit vielen Kollegen innerhalb und außerhalb von Greenpeace vorangetrieben. Einer dieser Kollegen ist Luke Massey, dessen Gespür für Kampagnenführung und fürs Storytelling, die Art und Weise, wie das Thema im öffentlichen Bewusstsein wahrgenommen wird, bestimmt hat. Hier Lukes Gedanken zu Plastik:

Wer bist du und was machst du?
Ich bin Luke Massey und arbeite bei Greenpeace als Presse- und Kommunikationsbeauftragter zu Ozean-Themen.

Warum liegt dir das Plastikproblem so sehr am Herzen?
Das furchtbare Ausmaß und die Auswirkungen der Plastikverschmutzung auf die Tierwelt sind zutiefst erschütternd. Aber noch wichtiger ist für mich die Frage, wie wir die Krise der Kunststoffverschmutzung in den Griff bekommen. Das heißt: Wie bewegen wir uns von einer globalen Wegwerfkultur hin zu einer, in der wir unseren Fußabdruck auf diesem Planeten minimieren? Es ist nicht nur nachweislich gut, die Plastikflut zu stoppen, die sich in unsere Umwelt ergießt, es zwingt uns auch, unsere Beziehung zu den Dingen, die wir produzieren und konsumieren, neu zu denken. Wenn wir die richtigen Lehren daraus ziehen, könnten die Ergebnisse transformativ wirken.

Was können die Leute tun, um zu helfen?

Du kannst mehr erreichen, als du denkst. Die meisten großen Veränderungen, die ich in den letzten Jahren gesehen habe, kommen von Menschen, die mit anderen Menschen in ihrer Umgebung über das Problem reden – die mit Unternehmen reden, die Briefe an die lokale Zeitung oder Politiker schreiben. Diese Gespräche sind dafür verantwortlich, dass dieses Thema stark an Bedeutung gewonnen hat.

Was ist das schlimmste Beispiel für Plastikverschmutzung, das du je gesehen hast?

Eine Pinguinkolonie auf einer abgelegenen Insel im chilenischen Patagonien. Die Insel liegt mitten im Nirgendwo, und es war gerade Nistzeit. Die Pinguineltern graben ihre Nester unter der Erde, und die Küken bleiben in der schützenden Wärme der Höhle, bis sie etwas älter sind. Vor einem Nest sah ich ein Männchen mit einem Mund voll Plastikverpackungen aus dem Meer zurückkehren und es zum Nest tragen. Das war total deprimierend.

Was ist deine beste Lösung im Kampf gegen Plastikmüll?

Protzige Pläne, die versprechen, den Plastikmüll aus den Meeren zu holen, erhalten viel Aufmerksamkeit, doch die Lösung muss an der Quelle ansetzen. Also, obwohl es eine verblüffend einfache Antwort ist, ist sie absolut entscheidend: Wir müssen die Hersteller von Wegwerfplastik besteuern. Es ist wirklich ermutigend zu sehen, wie sich immer mehr Regierungen in Richtung eines »Verursacherprinzips« für Einwegkunststoffe bewegen. Um das Problem an der Quelle anzugehen, muss es im Interesse der großen Kunststoffproduzenten liegen, sich weg von einem Wegwerf-Geschäftsmodell zu bewegen.

Welche Veränderungen hast du in deinem Leben vorgenommen, um weniger Plastik zu verbrauchen?
Als Kaffeesüchtiger denke ich, dass die größte Reduzierung meines Plastikfußabdrucks die Anschaffung eines wiederverwendbaren Bechers war. Ich kaufe pro Tag im Schnitt ein bis zwei Becher Kaffee, also kommt da übers Jahr eine ziemlich große Menge Plastik zusammen. Am Anfang hat es immer für Aufsehen gesorgt, wenn ich mit meinem Becher zum ersten Mal in ein Café kam. Inzwischen ist es ganz normal, und die meisten Cafés bieten Rabatte an, wenn man seinen eigenen Becher mitbringt.

Was ärgert dich am meisten, was Plastik angeht?
Unternehmen, die die Schuld von sich abwälzen. Seit Jahren profitieren Unternehmen davon, Tonnen von Einwegkunststoffen auf den Markt zu bringen und null Verantwortung für die Lebensdauer ihrer Produkte zu übernehmen. Stattdessen haben die Unternehmen der Öffentlichkeit die Schuld für die Verschmutzung in die Schuhe geschoben. Ich habe die Nase voll von Geschäftsmodellen, die von Plastik profitieren, aber die anderen das Chaos aus der Welt schaffen lassen.

Hast du irgendwelche Top-Tipps, um Plastik zu vermeiden?

Weniger verbrauchen. Wir alle müssen die Menge an Wegwerfplastik, die wir verbrauchen, drastisch reduzieren.

Wiederverwenden. Besorge dir eine wiederverwendbare Wasserflasche und fülle sie wieder auf. Nimm einen wiederverwendbaren Kaffeebecher mit in Cafés. Geh mit einer Stofftasche oder einem Rucksack einkaufen.

Recyceln. Es versteht sich von selbst, dass wir so viel wie möglich recyceln sollten.

Mit Leuten reden. Rede mit Freunden, mit lokalen Unternehmen.

Frage nach, warum Geschäfte unnötiges Plastik verkaufen.

Was ist der beeindruckendste Versuch, Plastik zu vermeiden, von dem du je gehört hast – von einer Person oder einem Unternehmen?

Im Jahr 2016 beschloss in New York ein Mann namens Rob Greenfield, den gesamten Müll, den er einen Monat lang produzierte, mit sich herumzutragen. Tüten, Behälter, Kaffeebecher, Plastikflaschen, die ganze Palette. Zu einem Müllmonster aufgebläht, spazierte Greenfield durch die Straßen von New York, um die Leute für das Thema »Konsum und Abfall« zu sensibilisieren. Das war zwar keine Initiative zur Abfallvermeidung, aber er machte sein Anliegen zum Gesprächsthema und trug dazu bei, in den Medien eine große Debatte über das Thema »Konsum und Plastikmüll« zu entfachen.

2

DAS PROBLEM MIT PLASTIK

Tätowierte Hummer und Tiefseeplastik

Wie kommt ein Hummer zu einem »Tattoo« des Pepsi-Logos auf der Schale? Eine Frage, von der niemand dachte, dass sie sich je stellen würde. Und ganz bestimmt nicht die kanadischen Fischer, die eines Tages eine seltsame Markierung auf der Rückseite eines ihrer Fänge bemerkten. Erst ein gewohnheitsmäßiger Pepsi-Trinker unter ihnen konnte die blauen, weißen und roten Markierungen richtig zuordnen. Und nein, das Marketing-Team des Brauseriesen war nicht auf die abstruse Idee gekommen, Unterwasserlebewesen mit dem Pepsi-Logo zu brandmarken. Es handelt sich lediglich um ein weiteres Beispiel dafür, wie wir Menschen durch den Müll, den wir wegwerfen, unsere Spuren in den Ozeanen hinterlassen. Der Fund machte weltweit Schlagzeilen, eine Schockgeschichte darüber, wie weit die Dinge gekommen waren – aber meine Kollegen und all jene, die mit dem Thema vertraut waren, nahmen die Nachricht nicht mit Überraschung, sondern mit trauriger Resignation auf.

Im Sommer 2017 unternahm mein Team auf dem Greenpeace-Schiff Beluga II, einer kleinen Jacht mit Platz für maximal zwölf Personen, eine Expedition um die Küste Schottlands. Ziel der Expedition war es, das Vorkommen von Plastik in den Nahrungsgebieten einiger der bekanntesten Tierarten Großbritanniens wie Papageientauchern und Riesenhaien zu dokumentieren. Sonnenhaie, wie sie auch genannt werden, sind die zweitgrößten Fische der Welt; riesige, geheimnisvolle Haie, die der legendäre schottische Dichter Norman MacCaig als »zimmergroße Monster mit Streichholzschachtelhirn« beschrieben hat. Dass ich noch nie einen mit eigenen Augen gesehen habe, ist für mich ein Quell ständiger Frustration. Obwohl ich mehrmals zur richtigen Jahreszeit mit dem Kajak ihre Futterplätze durchquert und dabei sehnsüchtig ins Wasser gestarrt habe in der Hoffnung, einen dieser Giganten unter mir in der Tiefe zu sehen, entziehen sie sich mir weiterhin.

Oft über zehn Meter lang, ziehen die Riesenhaie durch die Weltmeere und ernähren sich von winzigem Plankton. In ihren Mäulern, die über einen Meter breit sein können und auf der Suche nach Nahrung ständig offen stehen, filtern speziell geformte Knochen das Plankton aus dem Wasser. Die Breite ihres Mauls entspricht der Größe der feinmaschigen Netze, die wir hinter den Greenpeace-

Schiffen herschleppen, um das Meer auf Mikro-kunststoffe zu testen; wie es aussieht, filtern diese prähistorischen Tiere jetzt quasi als Beifang zusammen mit dem Plankton große Mengen unseres Zivilisationsmülls aus dem Meer. Im Laufe einiger Monate hat das Team fast fünfzig dieser Schleppnetzsuchen durchgeführt und in zwei Dritteln der Proben Mikrokunststoffe gefunden.

Was ist Mikroplastik?

Mikroplastik besteht aus winzigen Plastikteilen, manchmal definiert als weniger als fünf Millimeter lang. Einige Mikrokunststoffe – wie zum Beispiel Mikroperlen – sind von vornherein so klein. Allerdings sind viele Mikrokunststoffe Fragmente größerer Plastikobjekte, etwa von Plastiktüten oder -flaschen, die im Laufe der Zeit in immer kleinere Bruchstücke zerfallen.

Während der gesamten Expedition führte ein Team, das der Schiffsroute auf dem Landweg folgte, bei jeder Gelegenheit Strandsäuberungen und detaillierte Untersuchungen durch, wobei sie oft mit örtlichen Schulen und Gruppen zusammenarbeiteten, um die an Land gespülten Plastikabfälle einzusammeln und zu dokumentieren. Jeder einzelne Strand, darunter einige der schönsten und abgelegensten der Britischen Inseln, war mit Plastikmüll verschandelt:

Feuchttücher, Flaschen, Tüten und unzählige weitere achtlos weggeworfene Dinge aus Kunststoff. Als ich dem Langstreckenschwimmer und UN-Botschafter für die Weltmeere, Lewis Pugh, zuhörte, der vor einer Gruppe Politikern sprach, war ich bewegt, von einer ähnlichen Erfahrung zu hören, die er bei einer Strandsäuberung auf Barentsøya (auch bekannt als Barentsinsel), einer unbewohnten Insel im Spitzbergen-Archipel weit im arktischen Norden, gemacht hatte. Obwohl die Insel noch nie von Menschen besiedelt worden war, fanden er und die ihn begleitenden Meeresbiologen den Strand der Insel mit Plastikteilen übersät. Einige davon, wie zum Beispiel alte Fischfanggeräte, sind vielleicht aus der Nähe an den Strand getrieben worden, aber der Großteil war von Meeresströmungen herangetragen worden und hatte möglicherweise mehrere tausend Meilen bis zu diesem einsamen Strand zurückgelegt. Dass wir in nicht einmal einer Stunde einen Riesensack Plastik zusammentrugen, war schon schlimm genug; schlimmer noch aber war, dass der Strand einige Tage später nach stürmischem Wetter wieder ebenso mit Plastikmüll verdreckt war wie vor unserer Putzaktion. »Die Barentsinsel ist«, schrieb Pugh ein paar Tage später in seinem Blog, »für Eisbären gedacht, nicht für Plastik.«[1]

Leider sieht es in vielen anderen abgelegenen Regionen der Weltmeere kaum besser aus, zum Beispiel im Marianengraben im westlichen Pazifik. Bis zu elf Kilometer unter die Meeresoberfläche ist der Marianengraben der tiefste Ort der Erde – und einer der geheimnisvollsten. Als Wissenschaftler der Newcastle University vom tiefsten Punkt des Grabens Proben nahmen, fanden sie in jeder einzelnen, Mikrokunststoffe. Selbst Amphipoden, winzige, auf dem Meeresboden lebende Krebse, die noch nie zuvor Sonnenlicht gesehen haben konnten, hatten winzige Plastikfragmente aufgenommen. Die höchste jemals dokumentierte Dichte an Plastik fand sich auf einem unbewohnten Korallenatoll namens Henderson Island im Südpazifik. Wissenschaftler, die die Insel untersuchten, schätzten die Zahl der Plastikobjekte an den Stränden der Insel auf über 38 Millionen, darunter Gegenstände aus Deutschland, Kanada und anderen weit entfernten Regionen der Welt. Die traurige Schlussfolgerung lautet: Egal, wie hart wir jetzt und in Zukunft daran arbeiten, Plastik zu vermeiden: Die Auswirkungen unseres bisherigen Handelns sind so immens, dass es für die kommenden Generationen weltweit sichtbar sein wird.

Die Auswirkungen auf die Tierwelt

Bei diesen spektakulären, weit von jeglicher Zivilisation entfernten Orten, die wir mit unseren Abfällen zumüllen, handelt es sich natürlich um mehr als nur schöne Landschaften. Sie sind Rückzugsgebiete für faszinierende Lebewesen und komplexe Ökosysteme, Heimat von Arten, die sich entsprechend den besonderen Bedingungen dieser Orte entwickelt haben – Tiere, die bereits jetzt zunehmend durch den Klimawandel bedroht sind und die eine zusätzliche Belastung durch Plastikverschmutzung kaum ertragen können. Das Ausmaß, in dem manche dieser bedrohten Arten durch Plastik beeinflusst werden, ist noch nicht abschließend erforscht, aber schon jetzt ist klar, dass nur sehr wenige Meereslebewesen davon nicht betroffen sind. Im Jahr 2015 veröffentlichte eine Gruppe australischer Wissenschaftler in der amerikanischen Fachzeitschrift *Proceedings of the National Academy of Sciences* eine bahnbrechende Studie, derzufolge über 90 Prozent der Seevögel Plastik in ihren Eingeweiden haben. Wenn man diese Statistik liest, kommt einem vielleicht das berühmte Bild des Fotografen Chris Jordan in den Sinn. Jordan machte Schlagzeilen mit dem Foto eines toten Jungalbatros im Nordpazifik, dessen verwesender Körper einen mit Plastikfragmenten gefüllten Magen enthüllte – Plastikmüll, der ihn umbrachte, bevor er auch nur die Chance hatte, sich einmal in die Lüfte zu erheben. Für mich ist es eines der ikonischsten Bilder zur Plastikkrise, das jemals gemacht wurde.

Ich bin Vogelbeobachter, aber nur als Hobby – meine Fähigkeiten bei der Artenbestimmung halten sich sehr in Grenzen –, aber eine Stunde lang mit einem Fernglas draußen sitzen und diesen unglaublichen Tieren dabei zusehen, wie sie über die Klippen gleiten oder am Strand nach Futter suchen, ist eine der lohnenswertesten Möglichkeiten, die ich kenne, um die natürliche Welt hautnah zu erleben. Ob es die waghalsigen Tölpel sind, die sich mit Geschwindigkeiten von bis zu 100 Stundenkilometern ins Wasser stürzen, die graziösen und gelegentlich aggressiven Küstenseeschwalben, die ihr Leben lang zwischen den Polarregionen hin- und herpendeln, oder die mächtigen Albatrosse, die akrobatisch zwischen den Riesenwellen des Südpolarmeeres dahingleiten, so groß, dass sie nur dann fliegen können, wenn der Wind mit nahezu Sturmstärke bläst – Seevögel gehören mit zu den zähesten Kreaturen der Erde. Da der Ozean, von dem sie abhängig sind, sich rapide verändert, werden ihre Nahrungsquellen immer knapper, und viele Kolonien kämpfen ums Überleben. Wie Studien zeigen, sind die Populationen der Seevögel in den letzten Jahrzehnten um bis zu 70 Prozent zurückgegangen. Das Letzte, was diese wundervollen Tiere brauchen, ist Plastikmüll in den Ozeanen, der am Ende in ihren Mägen landet und sie umbringt.

Auf einer Greenpeace-Expedition verbrachte mein Kollege, der Wildtierfotograf Will Rose, drei Tage auf den entlegenen Shiant Isles vor der schottischen Nordwestküste und dokumentierte eine dort lebende Papageientaucher-Kolonie. Papageientaucher sind robuste Seepapageien mit überdimensionierten Schnäbeln, die monatelang in einigen der unwirtlichsten Meeresgebiete der Welt auf Fischfang gehen, bevor sie dorthin zurückkehren, wo sie geschlüpft sind, und in unterirdischen Nistplätzen ihre Brut aufziehen. Wie andere Seevögel auch stehen sie durch den Klimawandel unter erhöhtem

Druck. Selbst auf diesen märchenhaften Inseln zwischen den Äußeren und Inneren Hebriden vor der Westküste Schottlands hielt Will ein eindringliches Bild fest – von einem Papageientaucher, der stolz auf einem Felsen thront, den seine Vorfahren womöglich seit Jahrtausenden besiedeln, und in seinem Schnabel einen dünnen Streifen aus hellgrünem Plastik hält.

Über 90 Prozent der Seevögel haben Plastik in ihrem Körper.

Seevögel sind natürlich nicht die einzigen Opfer. Mit das Erste, was ich mache, wenn mich die Arbeit in eine neue Stadt verschlägt, ist eine Runde zu joggen. Geprägt vom jahrelangen Leben an Bord von Schiffen suche ich bevorzugt die Wasserwege einer Stadt auf und erkunde zu Fuß ihr komplexes Netz aus Teichen, Seen, Flüssen und Kanälen. Egal, wo auf der Welt ich jogge, mich erwartet immer ein vertrauter Anblick. Ob nun die Moorhühner am Londoner Regent's Canal, die Nachtreiher am Lake

Merritt in Oakland, die Möwen über der Elbe in Hamburg oder die Bülbüls im Stadtpark von Taipeh – früher oder später sieht man Vögel, die ihre Nester mit Plastik auskleiden oder sich auf der Suche nach Nahrung einen Weg durch den allgegenwärtigen Plastikmüll bahnen. Der Kunststoff, der diese Binnengewässer verunreinigt, wird irgendwann von der Strömung ins Meer getragen und gefährdet dort nicht nur Vögel.

Ob es Schildkröten sind, die Plastiktüten mit Quallen verwechseln, oder Pottwale, die unseren Müll zusammen mit den Tintenfischen fressen, die sie in der Tiefsee jagen – Produkte, deren Abbau im Meer Jahrhunderte dauert, stellen eine große Bedrohung für Meeresbewohner dar. Eine der offensichtlichsten Gefahren für viele Tiere ist dabei das Verheddern in Plastikmüll. Laut einem 2014 für die US-Regierung erstellten Bericht verheddern sich die Jungtiere vieler Meeresbewohner, insbesondere junge Robben, in Plastikschnüren oder verlorenen Fischernetzen, ein Problem, von dem der Studie zufolge allein in US-Gewässern über 200 verschiedene Arten betroffen sind (und das ist nach Angaben der Autoren eine noch zurückhaltende Schätzung). Verschlucken und Verheddern sind dabei noch nicht einmal die einzigen Möglichkeiten, wie Plastik Wildtiere verletzen kann. Plastik wird von allen Meeresbewohnern gefressen. Vom winzigen Plankton bis hin zu den Giganten der Meere, den Walen: Plastik findet auf allen Ebenen Eingang in die maritime Nahrungskette.

Toxine

Je höher eine Spezies in der Nahrungskette ange-
siedelt ist, desto größer ist auch die Wahrscheinlichkeit, dass sich Giftstoffe im Körper ansammeln und
gesundheitliche Probleme verursachen. Dieser Vor-
gang wird als Bioakkumulation bezeichnet. Eines
der bekanntesten Beispiele ist Quecksilber, das regelmäßig in extrem hohen Konzentrationen in Thunfi-
schen und anderen Raubfischen wie Schwertfischen
vorkommt, wo es sich im Muskelgewebe anreichert.
Da der Mensch an der Spitze der Nahrungskette
steht, landet ein Großteil dieser Giftstoffe am Ende
auch in unseren Körpern (obwohl strenge Lebens-
mittelstandards glücklicherweise das Schlimmste
von unseren Tellern fernhalten). Bevor die Toxine
beim Menschen ankommen, verursachen sie, wie
nicht anders zu erwarten, bei anderen oben in der
Nahrungskette stehenden Tieren eine Vielzahl von
Problemen und machen sie krank oder unfruchtbar.

Ein bekanntes Beispiel für Toxine sind die sogenannten Polychlorierten Biphenyle (PCB), eine
Gruppe von chemischen Verbindungen, die seit den
1930er-Jahren in einigen Produkten (zum Beispiel
in flammhemmenden Beschichtungen oder Leucht-
stofflampen) weit verbreitet waren, bis sie ab den
1970er-Jahren in immer mehr Ländern verboten
wurden, eine Entwicklung, die 2002 in einem weltweiten Verbot gipfelte. Diese Schadstoffe können
durch industrielle Prozesse in die Umwelt gelangen,
wo sie sich im Blubber (der Fettschicht) von Meeres-

säugern wie Walen und Robben konzentrieren. Sobald die PCB-Konzentration die »unbedenkliche« Schwelle überschreitet, drohen schwerwiegende Folgen, etwa eine Schwächung des Immunsystems, was die Tiere anfälliger macht für Parasiten und ihre Fruchtbarkeit vermindert. Im schlimmsten Fall verstoffwechseln Meeressäuger ihren Blubber mitsamt den darin gespeicherten Toxinen und geben sie über die Milch an ihre Jungen weiter.

Was das mit der Plastikverschmutzung zu tun hat? Kunststoffteilchen im Ozean bestehen nicht nur aus einer Vielzahl potenziell giftiger chemischer Verbindungen, sie können auch als Schwämme fungieren. Wie Forscher der San Diego State University herausgefunden haben, kann Plastik, nachdem es in den Ozean gelangt ist, andere Giftstoffe aus dem Wasser aufnehmen, darunter auch PCB. Mit anderen Worten: Vor dem Verzehr durch Fische oder der Aufnahme durch Muscheln oder Austern kann ihre Toxizität weiter zunehmen, was wiederum den Prozess der Bioakkumulation verstärkt. Die Forschung zu diesem Phänomen steht zwar noch ganz am Anfang, aber schon diese ersten Ergebnisse sind besorgniserregend. Unser Wissen darüber, wie sich die akkumulierte Toxizität in Meeresfrüchten auf die menschliche Gesundheit auswirkt, ist ebenfalls noch rudimentär und erlaubt noch keine eindeutigen Schlussfolgerungen. Angesichts der zunehmenden Verbreitung von Kunststoffen auf unseren Tellern muss dies jedoch für die staatlichen Gesundheitsbehörden Priorität erhalten.

Wie gelangt Plastik in die Umwelt?

Nachdem wir einen Blick darauf geworfen haben, wie weit sich Plastik ausgebreitet hat und auf welche Weise es sich auf die Tierwelt auswirkt, ist es an der Zeit zu fragen, wie es überhaupt in die Umwelt gelangt.

Hier einige Antworten auf die drei häufigsten Fragen, die mir in diesem Zusammenhang gestellt werden. Erstens: Wie viel Plastik ist schon im Meer (und können wir es nicht wieder entfernen)? Genau zu bestimmen, wie viel Plastik bereits in den Weltmeeren treibt, ist eine knifflige Angelegenheit, und es gibt verschiedene Faktoren, die solche Schätzungen erschweren, zum Beispiel die Feststellung, welche Arten von Plastik schwimmen und somit eher an Stränden zu finden sind, im Gegensatz zu Plastik, das auf den Meeresboden sinkt; dann der Umstand, dass ein großer Teil des Plastiks im Ozean, etwa Mikrofasern und Mikrokunststoffe, mit dem bloßen Auge gar nicht sichtbar ist; sowie, und vielleicht am wichtigsten, die Größe der Ozeane selbst! Mehr als zwei Drittel unseres Blauen Planeten sind von Wasser bedeckt, und bislang haben wir nur einen winzigen Bruchteil des Meeresbodens erforscht, was eine umfassende Übersicht darüber, wie viel Plastik da draußen ist, extrem schwierig macht.

Ungeachtet dieser Schwierigkeiten hat die amerikanische NGO Ocean Conservancy in Zusammenarbeit mit dem McKinsey Center for Business and Environment geschätzt, dass sich aktuell bereits

150 Millionen Tonnen Kunststoff in den Weltmeeren befinden. Die britische Ellen MacArthur Foundation geht sogar davon aus, dass bei dem Tempo, mit dem die globale Kunststoffproduktion derzeit wächst, vom Gewicht her bis 2050 sogar mehr Plastik im Meer schwimmen könnte als Fische.

Es ist schwer vorstellbar, welch technologischer Arbeitsaufwand erforderlich wäre, wollte man 150 Millionen Tonnen Kunststoff aus den Weltmeeren holen – eine Menge, die dem 300fachen Gewicht des höchsten Wolkenkratzers der Welt, dem Burj Khalifa in Dubai, entspricht – allerdings über alle Ozeane der Welt verteilt, von der Wasseroberfläche bis hinab in die tiefsten Unterseegräben. Kurz gesagt, es ist wahrscheinlich nicht möglich, weshalb die Bemühungen um eine Sanierung insbesondere dort, wo der Plastikmüll große Umwelt- oder Infrastrukturprobleme verursacht, zwar lobenswert und notwendig sind, aber nur begrenzt erfolgreich sein können. Die globale Bewegung zur Plastikvermeidung muss sich darauf konzentrieren, das Problem an der Quelle anzugehen. Nur so kann verhindert werden, dass Plastik überhaupt erst ins Meer gelangt. Natürlich müssen wir unsere Strände vom Plastikmüll säubern, und natürlich müssen Regierungen und Unternehmen diese Initiativen unterstützen. Doch wenn wir nicht endlich die Plastikproduktion insgesamt zurückfahren, hält uns das nur in einem endlosen Kreislauf gefangen, in dem wir den Müll, den wir produzieren, immer wieder aus den Meeren und von den Stränden holen müssen.

Schätzungen zufolge treiben in den Weltmeeren inzwischen bereits 150 Millionen Tonnen Plastik.

Zweitens: Wie viel Plastik gelangt jedes Jahr ins Meer? Nach aktuellen Schätzungen gelangen jährlich zwischen 4,8 und 12,7 Millionen Tonnen Kunststoffabfälle ins Meer – umgerechnet fast eine Müllwagenladung pro Minute. Und damit nicht genug: Laut einem kürzlich veröffentlichten Bericht der britischen Regierung über die Zukunft der Ozeane könnte sich die Menge an Plastikmüll, die in den Ozean gelangt, in den nächsten zehn Jahren sogar verdreifachen.

Und, drittens: Wo kommt das alles her? Diese Frage ist deutlich schwieriger zu beantworten. Untersuchungen zeigen, dass etwa 80 Prozent aller Kunststoffe im Ozean vom Land und nicht von Schiffen stammen. Plastik gelangt auf vielerlei Wegen ins Meer, darunter:

- Mikrofasern, die beim Wäschewaschen ins Abwasser gelangen, machen etwa ein Drittel des Kunststoffs im Meer aus.
- Plastikmüll, der nicht richtig entsorgt wird, wird von Wind und Regen in Bäche, Flüsse und Seen getragen und landet schlussendlich in den Ozeanen.
- Plastik, das nicht recycelt wird, kann auf Deponien an der Küste landen und von dort oder auf vielen anderen Wegen ins Meer gelangen, wo es dann von Strömungen bis in die entlegensten Meeresgebiete transportiert wird.

Die enorme Menge an Kunststoff, die wir produzieren, bedeutet, dass selbst eine erheblich verbesserte Abfall- und Recycling-Infrastruktur nicht alle Kunststoffe erfassen würde. Schon eine verhältnismäßig geringe Leckage (Kunststoff, der ordnungsgemäß entsorgt werden soll, aber aus dem System herausfällt) kann große Auswirkungen haben. Wissenschaftler schätzen sogar, dass derzeit bis zu einem Drittel aller Kunststoffabfälle dem Abfall- und Recyclingsystem entgehen.

Etwa ein Drittel des Kunststoffs im Meer stammt aus Mikrofasern, die beim Wäschewaschen ins Abwasser gelangen.

Recycling

Die Kunststoffproduktion ist in den letzten zwanzig Jahren in die Höhe geschnellt und hat 2015 die Marke von 320 Millionen Tonnen erreicht – damit bringt sie mehr auf die Waage als alle Menschen, die heute auf der Erde leben. Mehr noch, den Prognosen zufolge wird sich diese Menge in den nächsten zwanzig Jahren nochmals verdoppeln. Seit der Erfindung der Plastiktüte in den 1960er-Jahren, dem ersten billigen, für den Massenkonsum erhältlichen Kunststoffartikel, ist Kunststoff mehr und mehr Teil unseres Lebens und unserer Gesellschaft geworden. Plastik ist heute so weit verbreitet, dass es schwerfällt, sich eine Welt ohne vorzustellen. Die Massenproduktion von Einwegkunststoffen – Gegenstände, die einmal (und oft nur für ein paar Minuten) verwendet werden, bevor sie weggeworfen werden und dann teils Jahrhunderte brauchen, bis sie zerfallen – ist ein Thema, das in den letzten Jahren in den Vordergrund gerückt ist. Während die Verwendung dieser Gegenstände exponentiell zunimmt, hat sich die dafür erforderliche Recycling- und Abfall-Infrastruktur vergleichsweise kaum weiterentwickelt. Mit der Folge, dass immer mehr Plastikmüll in der Umwelt landet. Unterm Strich sind bislang gerade einmal 14 Prozent der weltweit produzierten Kunststoffe für das Recycling erfasst und nur etwa 5 Prozent auch tatsächlich recycelt (statt lediglich dem Downcycling zugeführt) worden.

Weltweit unterscheiden sich die Abfallentsorgungssysteme stark voneinander, aber selbst in Ländern mit einer fortgeschrittenen Infrastruktur wie den Niederlanden oder Japan übersteigt die Kunststoffproduktion die Entsorgungskapazitäten bei Weitem. Wir befinden uns jetzt an einem Scheidepunkt. Entweder, wir entwickeln unsere Abfallwirtschaft so weiter, dass sie mit dem erhöhten Bedarf besser zurechtkommt (obwohl es selbst dann immer wieder zu erheblichen Leckagen in die Umwelt kommen wird), oder wir überdenken unseren Ansatz bei der Produktgestaltung von Grund auf neu – und wenden uns von der Wegwerfmentalität ab und einem ganzheitlicheren Ansatz zu, der den gesamten Lebenszyklus von allem was wir produzieren, berücksichtigt. Ich denke, die Entscheidung liegt auf der Hand. Bislang gibt es keinen Beweis dafür, dass irgendein Abfall- oder Recyclingsystem wo auch immer auf der Welt in der Lage wäre, die Menge an Abfällen, die wir erzeugen, auch zu bewältigen – zumindest nicht ohne erhebliche Umweltauswirkungen wie im Falle der Müllverbrennung, bei der Toxine und Kohlendioxid in die Atmosphäre freigesetzt werden. Natürlich spielt der Ausbau unserer Abfallinfrastruktur eine Rolle dabei, die Menge an Kunststoffen in der Umwelt zu reduzieren, aber das ist keine langfristige Lösung, auf die wir uns im weltweiten Maßstab verlassen können.

Der Handel mit Abfall

Über die sowieso schon gewaltigen Herausforderungen bei der Hausmüllentsorgung hinaus verschlimmert ein globaler Müllhandel, bei dem alljährlich Millionen Tonnen Kunststoff rund um die Welt verschifft werden, die Lage noch weiter. Länder, die nicht den Platz, die Infrastruktur oder die Bestrebung haben, ihren Abfall selbst zu entsorgen, verscherbeln ihn an andere Länder und verschicken ihn über ein komplexes Geflecht von Händlern in die ganze Welt. Selbst wenn du deinen Verpackungsmüll also verantwortungsbewusst entsorgst, kannst du nicht verhindern, dass er verkauft und ins Ausland verschifft wird, um dort entweder wiederverwertet, verbrannt oder, wenn er kontaminiert ist, anderweitig entsorgt zu werden. Ende 2017 kündigte China an, keine Kunststoffabfälle aus anderen Ländern mehr anzunehmen, da die Abfallentsorger wegen des Anstiegs der inländischen Kunststoffproduktion nicht mehr in der Lage oder willens sei, Plastikmüll aus anderen Ländern zu entsorgen. Europäische und nordamerikanische Länder müssen nun nach neuen Abnahmeländern für ihre Kunststoffabfälle suchen. Eine mögliche Folge des chinesischen Müllimportstopps könnte sein, dass der Müllstrom aus dem Westen nun nach Südostasien umgelenkt wird, was es für einige der betroffenen Länder noch schwieriger machen dürfte, die Probleme mit ihrem eigenen Plastikmüll in den Griff zu bekommen.

Deshalb sollten wir es tunlichst unterlassen, mit dem Finger auf andere Länder zu zeigen, weil diese zulassen, dass immer mehr Plastik ins Meer gelangt. Obwohl technisch möglich, gibt es eine Vielzahl von Faktoren, wie zum Beispiel der globale Mülltourismus, der Mangel an sauberem Trinkwasser, der die Leute zwingt, Wasser in Plastikflaschen zu kaufen, extreme Wetterereignisse, die die Infrastruktur zerstören, und unzureichende Investitionen von Plastikherstellern, die es vielen Ländern fast unmöglich machen, ihren Müll effektiv zu verwerten.

Ein Beispiel dafür sind die Philippinen, die laut einer in der Wissenschaftszeitschrift *Science* veröffentlichten Studie von 2015 weltweit auf Rang drei der schlimmsten Plastiksünder rangieren. Bei einer

2017 von Greenpeace und der Bewegung Break Free From Plastic koordinierten Aufräumaktion in der Manila Bay wurden 54 620 Plastikgegenstände eingesammelt und, so weit möglich, die Herkunft der Gegenstände ermittelt. Unter den fünf am häufigsten vertretenen Unternehmen befanden sich drei bekannte multinationale Konzerne: Unilever, Nestlé und Procter & Gamble – Unternehmen, die in einigen Ländern große Anstrengungen unternehmen, um ihre Nachhaltigkeitsleistung unter Beweis zu stellen, zugleich aber nach wie vor eine erhebliche Mitschuld an den Umweltproblemen auf der anderen Seite der Welt tragen.

Eines der größten Probleme mit den Herstellern von schnelllebigen Konsumgütern (sogenannte »Fast Moving Consumer Goods«) ist die wachsende Produktion von Kunststoffbeuteln. Mit solchen Sachets lassen sich sehr geringe Mengen an Flüssigkeiten verpacken und den Konsumenten vorgaukeln, sie könnten Haushaltsprodukte wie Shampoo zu niedrigeren Preisen kaufen. Leider werden diese Beutel in der Regel aus einer nicht recycelbaren Kombination aus einer dünnen Folie aus Kunststoff und Aluminium hergestellt; da die Menschen sie kaum verantwortungsvoll entsorgen können, vermüllen sie mehr und mehr die Strände Südostasiens. Den Ländern in der Region wird oft eine überproportionale Schuld an der Plastikmüllkrise zugewiesen, da aus diesem Teil der Welt mehr Kunststoff in die Meere gelangt als aus jedem anderen. Die Schuld von Unternehmen, die unverantwortliche Produkte wie Sachets herstellen, wird dagegen nur selten angesprochen.

Diese Unternehmen nötigen die Menschen zum Kauf solcher Wegwerfprodukte. Dabei haben sie weder eigene Pläne, wie der Plastikmüll entsorgt werden kann, noch investieren sie genug in die Infrastruktur vor Ort, um den Ländern bei der Müllentsorgung unter die Arme zu greifen. Indem sie – anders als Branchen wie die Automobil- oder Elektronikindustrie – jede Verantwortung dafür zurückweisen, was mit ihren Produkten nach der Nutzung passiert, machen sie sich mitschuldig. Nach Angaben der Asiatisch-Pazifischen Wirtschaftsgemeinschaft APEC kostet die Verschmutzung durch Plastik die Region in der Schifffahrt, im Tourismus und in der Fischerei bereits jetzt über 1,2 Milliarden Dollar pro Jahr und belastet die küstennahen Gebiete, die tagtäglich mit dem Plastikmüll direkt vor ihrer Haustür zu kämpfen haben.

Tiza Mafira ist Direktorin der Indonesia Plastic Bag Diet Movement (Gerakan Indonesia Diet Kantong Plastik) und arbeitet mit zahlreichen Gruppen in Indonesien zusammen, die sich gegen die Flut der Plastikverschmutzung stemmen.

Wer bist du und was machst du?
Ich bin Tiza Mafira, Direktorin der indonesischen Bewegung gegen Plastiktüten.

Warum liegt dir das Plastikproblem so sehr am Herzen?

Plastiktüten verstopfen die Wasserwege in meiner Stadt Jakarta und stellen den Löwenanteil der Abfälle, die wir bei unseren Aufräumaktionen aus den Flüssen holen. Es ist erschreckend, dass es Jahrhunderte dauert, bis sie sich zersetzt haben, und dennoch verwenden wir immer mehr Plastik für Einwegzwecke. Die Menschheit hat so lange ohne Plastik überlebt, und unsere gegenwärtige Abhängigkeit davon kommt mir einfach widersinnig vor.

Was können Leute tun, die helfen wollen?

Keine Einwegkunststoffe mehr verwenden. Jedes Mal ablehnen und verweigern, wenn man dir eine Tragetasche, einen Strohhalm oder eine Flasche aus Plastik geben will.

Was ist das schlimmste Beispiel für Plastikverschmutzung, das du je gesehen hast?

In und um den Ciliwung-Fluss, der durch Jakarta fließt, werden bei Hochwasser Plastikabfälle zwei bis drei Meter tief entlang der Ufer abgelagert. Daraus bilden sich nach und nach ganze Schichten aus Plastik und Schlick, die man unmöglich aufräumen kann.

Was ist deine beste Lösung im Kampf gegen Plastikmüll?

Verbote. Wie wir immer wieder von zahlreichen Ländern oder Städten lernen, die einige Einwegplastikartikel verboten haben, geht nach einem Verbot, das auch tatsächlich durchgesetzt wird, die Menge an Plastikabfällen spürbar zurück. Als es unserer Organisation 2016 gelang, in einem sechsmonatigen Pilotversuch eine Abgabe auf Plastiktüten durchzusetzen, sank die Nutzung von Plastiktüten um 55 Prozent. Im Anschluss an das Pilotprojekt verbot Banjarmasin als erste Stadt in Indonesien Plastiktüten, und postwendend ging ihre Zahl um 80 Prozent zurück.

Welche Veränderungen hast du in deinem Leben vorgenommen, um weniger Plastik zu verbrauchen?
Ich habe immer eine wiederverwendbare Tasche und einen Becher dabei. Ich lehne Plastiktüten, Plastikflaschen, Kaffeebecher, Strohhalme, Hautpflegeprodukte mit Mikroperlen und in Styropor verpackte Lebensmittel ab. Ich bin Mitbegründerin der Indonesia Plastic Bag Diet Movement, um gegen den übermäßigen Gebrauch von Plastiktüten zu kämpfen und die Regierung von einer Politik der Plastikreduzierung zu überzeugen.

Was ärgert dich am meisten, was Plastik angeht?
Dass es fast unmöglich ist, ohne Plastik zu leben, weil inzwischen so gut wie alle Produkte in Kunststoff verpackt sind. Dass staatliche Stellen oft vor Maßnahmen zur Plastikreduzierung zurückschrecken und behaupten, die Leute seien einfach noch nicht so weit. Dass sie so tun, als wären die Leute nicht in der Lage, ihr Verhalten zu ändern.

Hast du irgendwelche Top-Tipps, um Plastik zu vermeiden?

Ich glaube, dass die Politik zur Vermeidung von Kunststoffen mehr Erfolg hat, wenn sie schrittweise umgesetzt wird; angefangen bei Kunststoffen im Einzelhandel (wie Plastiktüten und Strohhalmen) bis hin zu schnelllebigen Konsumgütern (wie Lebensmittel- oder Shampoo-Verpackungen, bei denen eine innovative Neugestaltung der Verpackung mehr Aufwand erfordert).

Was ist deiner Meinung nach die größte Herausforderung auf dem Weg in eine plastikfreie Zukunft?

Der Widerstand der Kunststoff- und Petrochemieindustrie.

Was ist deiner Meinung nach die beste Möglichkeit, Plastik zu vermeiden?

Für Indonesien: Dass die Regierung endlich die landesweite Abgabe auf Plastiktüten einführt, die sie seit so langer Zeit plant. Für die ganze Welt: Dass Zero-Waste-Läden populärer werden, also Geschäfte, die Schüttgüter ohne Plastikverpackung verkaufen.

Was ist der beeindruckendste Versuch, Plastik zu vermeiden, von dem du je gehört hast – von einer Person oder einem Unternehmen?

Ich bin von jedem, der es hinbekommt, einen Zero-Waste-Lebensstil umzusetzen, extrem beeindruckt. Ich habe das noch nicht geschafft.

Wenn dieser Überblick über das globale Problem irgendetwas zeigt, dann, wie leicht es ist, in der Flut der Plastikstatistiken zu ertrinken, die jeden Tag auf uns einprasseln, und vor lauter schlechten Nachrichten aus der ganzen Welt das Ziel aus den Augen zu verlieren. Die Medien bombardieren uns mit immer neuen und erschreckenden Fakten und Zahlen über die Krise, und die Wissenschaftler forschen unablässig weiter, damit wir das Chaos, in dem wir uns befinden, besser verstehen. Politiker und Unternehmen, die vor schwierigen Entscheidungen stehen, kämpfen darum, mit der rasanten Entwicklung Schritt zu halten. Angesichts so vieler Informationen hier also eine kurze Zusammenfassung einiger der wichtigsten Statistiken, die dir helfen können, deine Kollegen, Freunde und Familie von der Notwendigkeit einer Abkehr von unserem Wegwerf-Lebensstil zu überzeugen.

PLASTIK NACH ZAHLEN

120 Milliarden Plastikflaschen werden pro
Jahr von Coca-Cola hergestellt.

. . .

**38 Milliarden Plastikfragmente wurden
auf der unbewohnten Insel Henderson
im Südpazifik gefunden.**

. . .

330 Millionen Tonnen Kunststoff werden
weltweit pro Jahr produziert.

. . .

**12,7 Millionen Tonnen Kunststoff gelangen
jedes Jahr in die Weltmeere.**

. . .

500 000 Kunststoffpartikel pro Quadrat-
meter in einem Fluss in Manchester, Großbritannien – vermutlich die höchste Konzentration, die jemals an einem Ort gemessen wurde.

450 Jahre dauert es, bis sich eine Plastikflasche im Meer vollständig aufgelöst hat.

. . .

111 Jahre seit der Erfindung des Kunststoffs.

. . .

90 Prozent aller Seevögel haben Plastik im Magen.

. . .

80 Prozent des Kunststoffs im Ozean stammen von Quellen an Land.

. . .

53 Jahre seit der Erfindung der Plastiktüte.

. . .

1 Müllwagenladung Plastikabfall landet pro Minute im Meer.

3

GESCHICHTEN VON HOFFNUNG UND ERFOLGEN – EINE GLOBALE BEWEGUNG GEGEN PLASTIK

Angesichts der steigenden Plastikflut, die sich in unsere Ozeane ergießt, kann man sich schnell überwältigt fühlen. In meinem Job lernt man, das auszuhalten. Täte man das nicht, würde man Gefahr laufen, in eine Spirale der Verzweiflung zu rutschen – dass wir unsere Welt fast schon bis zur Unkenntlichkeit verändert haben, ist etwas, mit dem man sich nur schwer abfinden kann. Zum Glück gibt es, sollte der Pessimismus doch einmal wieder die Oberhand gewinnen, einfache Auswege. In solchen Phasen richte ich meinen Blick auf die inspirierenden Menschen um mich herum – sie arbeiten in allen möglichen Organisationen, in allen möglichen Jobs und kämpfen aus tiefster Überzeugung unermüdlich dafür, unsere Welt zu einem besseren Ort zu machen. Ich erlebe Menschen, die am Beginn dieser Reise stehen und bald erkennen werden, dass jeder Einzelne von uns einen Unterschied bewirken kann. Und ich überlege mir, in welchem Bereich meines Lebens ich noch aktiv werden kann, denn nichts hilft besser gegen die Niedergeschlagenheit am Ende eines langen Tages, als Pläne zu machen und tatsächlich selbst etwas zu tun, um sich der Bewegung all derer anzuschließen, die versuchen, vom Plastik wegzukommen.

Es ist eine Bewegung, die stetig größer wird und die mich jeden Tag inspiriert. Selbst eine kursorische Suche im Internet fördert Beispiele von leidenschaftlichen Menschen überall auf der Welt zutage, die handeln; und auch von Unternehmen und Regierungen, die die Sorgen der Menschen ernst nehmen und Maßnahmen zur Reduzierung von Plastik einleiten. Hier einige der inspirierendsten Geschichten über den Kampf gegen Plastik, von denen ich gehört habe.

Plastiktütenverbote rund um den Globus

Plastiktüten sind auf der ganzen Welt zu einem Symbol der Plastikkrise geworden. Bei einer durchschnittlichen Nutzungsdauer von gerade einmal fünfzehn Minuten schätzen Wissenschaftler, dass es zwischen 500 und 1000 Jahren dauert, bis sie sich zersetzt haben. Wie alle Kunststoffprodukte sind sie ein relativ junges Phänomen, und jeder, der älter als fünfzig Jahre ist, wird sich an eine Zeit erinnern können, in der Plastiktüten noch nicht allgegenwärtig waren. Als Sinnbild für alles, was falsch ist am Einwegkunststoff – und als einer der am häufigsten an Stränden gefundenen Gegenstände –, verwundert es nicht, dass inzwischen in immer mehr Ländern und Regionen auf der ganzen Welt Verbote verhängt werden. Nachdem Bangladesch 2002 den Anfang machte, folgte in den letzten Jahren eine Welle von Plastiktütenverboten auf allen Kontinenten (außer der Antarktis, aber die Antarktis ist ohnehin nicht permanent besiedelt).

Wie alle legislativen Bemühungen zur Vermeidung von Kunststoffen erfordern auch diese Verbote eine stringente Durchsetzung, doch dort, wo sie tatsächlich umgesetzt werden, sind sie sehr erfolgreich. So wurden beispielsweise in Marokko, dem zweitgrößten Verbraucher von Plastiktüten nach den Vereinigten Staaten, fast 500 Tonnen Plastiktüten eingezogen oder beschlagnahmt, nachdem im Sommer 2016 ein striktes Verbot in Kraft getreten war. Landesweite und stadtbezogene Verbote von Plastiktüten haben bereits Auswirkung darauf, wie viel Plastik ins Meer gelangt.

Andere Einwegkunststoffverbote

An manchen Stellen geht das Verbot von Plastiktüten nicht weit genug, dabei ist kein Einwegkunststoffartikel harmlos. San Francisco, berühmt für seine Strandpromenade mit ihren Pelikan- und Seelöwenkolonien, prescht wie immer voran und hat unter anderem Plastikflaschen, Erdnussbeutel und Schaumstoffkugeln in Sitzsäcken verboten. Noch radikaler geht die südindische Provinz Karnataka vor, die ein Verbot auf alle Einwegartikel aus Kunststoff verhängt hat, darunter Taschen, Banner, Besteck und mehr. Noch befindet sich die Provinzregierung in der Anfangsphase und lernt erst allmählich, wie sie das Verbot am besten durchsetzt, aber die Botschaft, die sie damit aussendet, ist unmissverständlich: Zukünftige Generationen sollen sich nicht mit unserem Plastikmüll herumschlagen müssen.

Von Antigua und Barbuda, die Styroporbehälter verbieten, über die Seychellen und Frankreich, die Plastikbestecke verbieten, bis hin zum globalen Verbot von Mikroperlen – weltweit werden Einwegkunststoffe immer öfter von der Politik auf den Prüfstand gestellt. Simple Verbote gehören mit zu den wirksamsten und direktesten Mitteln zur Bewältigung der Kunststoffkrise.

193 Länder gestehen ein, dass wir ein Problem haben

Eines der interessantesten Ereignisse der letzten Jahre war die Zusammenkunft von 193 Ländervertretern im Dezember 2017 zu einer Konferenz in Nairobi über das Thema Kunststoff. Am Ende des Gipfels verkündeten diese Länder in einer gemeinsamen Erklärung, dass wir dringend handeln müssen, wollen wir dieses wachsende Problem in den Griff bekommen. Obwohl die Erklärung wegen des Versäumnisses, sich mit den Einzelheiten des von ihr vorgeschlagenen bürokratischen Verfahrens zu befassen, kritisiert wurde, fand ich sie dennoch inspirierend. Wie ein ehemaliger Kollege, der sich nach jahrelanger Arbeit auf den Klimakonferenzen mit UN-Verhandlungen auskennt, mir einmal dargelegt hat, grenzt eine gemeinsame Absichtserklärung bei UN-Konferenzen fast schon an ein Wunder. Dass knapp 200 Länder zusammenkommen, ihre Differenzen – die sich in einigen Fällen auf Kriege zwischen ihnen erstrecken – beiseiteschieben und sich auf etwas einigen können, ist ein bemerkenswertes Beispiel für eine gemeinsam handelnde Menschheit. Die Erklärung wurde begleitet von konkreten Zusagen von 39 Ländern, nationale Maßnahmen zu ergreifen, um die Plastikvermüllung in den Ozeanen zu reduzieren. Es ist meine aufrichtige Hoffnung, dass diese Erklärung den Weg für ein ehrgeiziges internationales Vorgehen auf dem Gebiet der Kunststoffe ebnet; zumindest aber markiert sie den ersten großen internationalen Schritt: das Eingeständnis des Problems.

Plastikfrei leben

Von Familien, die versuchen, eine Woche lang ganz ohne Plastik zu leben, bis zum »Plastikfreier Juli«-Gelöbnis, das bereits von über zwei Millionen Menschen in mehr als 150 Ländern eingelöst wurde, gibt es Tausende von inspirierenden Geschichten über die Herausforderungen und Möglichkeiten, ohne Plastik zu leben. Ein komplett plastikfreies Leben ist für die meisten Menschen nicht möglich – Zeit, Geld, geografische Lage und andere Faktoren sind dafür verantwortlich, dass wir nicht voll und ganz auf Plastik verzichten können. Doch dass so viele Menschen es versuchen und ihre Versuche online dokumentieren, ist eine stete Quelle der Inspiration. Für jede Frage, die auf den Seiten dieses Buches nicht beantwortet wird, kann ich garantieren, dass der eine oder die andere aus dieser Riege erstaunlicher Leute die Antworten online in unzähligen Blogs, auf Instagram und Facebook liefert.

Plastikfrei-Blogs

Im Folgenden gebe ich euch Tipps, wie man den eigenen Plastikverbrauch reduzieren kann – und wie man die Menschen um sich herum dazu bringt, ebenfalls weniger Plastik zu verwenden. Solltest du aber mehr Informationen oder Anregungen benötigen, dann schaue dir doch ein paar dieser fantastischen Blogs an, die jede Menge Ratschläge zum Leben ohne Plastik geben.

Plastikfreier Juli
Eine globale Bewegung von Menschen, die jedes Jahr während des gesamten Juli versuchen, mit weniger Plastik zu leben. Mit inspirierenden Geschichten, nützlichen Ratschlägen und täglicher Motivation – wirst du nächsten Juli dabei sein?

Beth Terry – My Plastic-Free Life
Beths Blog zu ihrem plastikfreien Leben enthält erstaunliche 100 Schritte, um ein Leben ohne Plastik zu beginnen, sowie eine superinteressante Herausforderung für dich, Bilder von deinem wöchentlichen Plastikmüll zu machen, um deine Wirkung zu messen.

Anne Marie – The Zero-Waste Chef
Für alle, die das Kochen lieben, aber keine nicht in Plastik verpackten Zutaten finden können, hält die Zero-Waste-Köchin Anne Marie viele Tipps und Rezepte für eine plastikfreie Küche bereit.

Wenn wir weiter Ideen austauschen und uns gegenseitig unterstützen in unserem Bemühen, Plastik zu vermeiden, wird uns das unserem Ziel näherbringen. Ich würde liebend gerne hören, wie ihr Plastik vermeidet, welche Alternativen für Plastik ihr gefunden habt. Teilt eure Gedanken und Ideen mit anderen auf

#BreakFreeFromPlastic

Louise Edge ist Kampagnerin bei Greenpeace und hat in den letzten Jahren zu den unterschiedlichen Aspekten des Themas »Kunststoff« gearbeitet. Vom Verhandeln in Vorstandsetagen bis hin zur Arbeit mit betroffenen Communities kennt sie alle Seiten des Plastikproblems.

Wer bist du und was machst du?
Ich bin Louise Edge und bin Ozean-Kampagnerin bei Greenpeace.

Warum liegt dir das Plastikproblem so sehr am Herzen?
Weil ich sehe, wie sehr Plastik unsere natürliche Welt verschmutzt. Wo immer Wissenschaftler heute hinschauen – ob in unseren Flüssen, im arktischen Eis oder in Meeresfrüchten –, finden sie winzige Plastikpartikel. Und dieser Dreck wird von allen gefressen, vom winzigen Plankton am Beginn der Nahrungskette bis hin zu Walen. Plastik bringt nicht nur Wildtiere um, es verändert auch ihr Verhalten auf beunruhigende Weise. Nachdenklich machen mich auch die möglichen Auswirkungen von Kunststoffpartikeln auf die menschliche Gesundheit: Plastik wird aus Erdöl hergestellt, und Erdöl enthält eine ganze Reihe von chemischen Zusätzen, von denen einige giftig sind – und die nehmen wir in unseren Körper mit auf, ob wir wollen oder nicht.

Was können Leute tun, die helfen wollen?
Es gibt viele kleine Veränderungen, die wir in unserem täglichen Leben und in unseren Gemeinden herbeiführen kön-

nen, um die Verwendung von Einwegkunststoffverpackungen zu reduzieren, die ja eine der Hauptquellen für die Verschmutzung der Ozeane sind. Es sind jedoch die großen Unternehmen und die Regierungen, die die Macht haben, dieses Problem zu lösen, indem sie den Einsatz von Kunststoffverpackungen massiv reduzieren. Deshalb müssen wir sie wissen lassen, dass wir uns verändern wollen – durch die sozialen Medien, durch persönliche Gespräche mit lokalen Politikern und durch unsere Kaufentscheidungen.

Was ist das schlimmste Beispiel für Plastikverschmutzung, das du je gesehen hast?
Im Jahr 2016 besuchte ich Freedom Island, ein Vogelschutzgebiet an der Küste der Manilabucht, wo jeder Zentimeter des Strandes von Plastikverpackungen bedeckt war. Man könnte einen Meter nach unten graben und würde nur auf eine weitere Schicht mit Sand vermischten Plastikmülls stoßen. Im Meer trieben neben toten Fischen und Vögeln Plastikabfälle. Es war eine zutiefst beunruhigende Erfahrung. Ich schloss mich einer Gruppe lokaler Freiwilliger an, um den Strand zu säubern, aber es war eine undankbare Aufgabe, da die Flut jeden Tag aufs Neue grellbunte Plastikverpackungen anschwemmt. Das hat mir wirklich klargemacht, wie groß dieses Problem ist und dass wir die großen Unternehmen, die diese Verpackungen herstellen – Unternehmen wie Nestlé und Unilever –, brauchen, um es zu lösen.

**Was ist deine beste Lösung im Kampf gegen
Plastikmüll?**

Die beste und einfachste Lösung ist, einfach weniger Plastik zu verwenden: wo immer es möglich ist, Produkte nicht mehr verpacken, und wenn du Einwegverpackungen benötigst, dann ein Material nehmen, das recycelt werden kann und nicht ewig braucht, bis es zerfällt, wenn es in unseren Ozeanen oder auf Deponien landet.

Hast du irgendwelche Top-Tipps, um Plastik loszuwerden?

So allgegenwärtig, wie Plastik im Moment ist, fällt es sehr schwer, es vollständig aus dem Leben zu verbannen. Aber es gibt ein paar simple Dinge, die wir tun können. Wenn ich aus dem Haus gehe, nehme ich jetzt immer eine Wasserflasche, einen Becher und Einkaufstaschen mit, die wiederverwendbar sind. Ich habe auch von Flüssigseife, Duschgel und Shampoo auf feste Versionen umgestellt, die nicht in Plastik verpackt sind. Im Haushalt habe ich auf traditionelle Reinigungsmittel wie Natriumbikarbonat und Borax in Küche und Bad umgestellt. Als Sprudelfan habe ich in einen Wassersprudler im Stil der 1970er-Jahre investiert und prompt ist mein Recycling-Müllbeutel drastisch geschrumpft!

Was ärgert dich am meisten, was Plastik angeht?

Wenn ich Bilder sehe, die die Auswirkungen von Plastik auf Meereslebewesen zeigen, etwa den Pottwal mit einem Bauch voller Plastik, werde ich sehr wütend. Aber was mich ärgert, ist das »Greenwashing«, das auf manchen Verpackungen betrieben wird; ob es nun Unternehmen sind, die vorgeben, dass die Herstellung von »Bio«-Kunststoff aus Pflanzen und nicht aus Erdöl irgendwie »grün« ist (stimmt nicht), oder sei es das Anbringen von »Recycelbar«-Logos auf Kunststoffen, obwohl die Hersteller genau wissen, dass diese in der realen Welt *nicht* recycelt werden, da das Material zu komplex ist und die Kosten zu hoch sind. Diese Art von Plastik sollte einfach nicht auf dem Markt sein, und das ganze Grünwaschen macht mich verrückt!

Was ist deiner Meinung nach die größte Herausforderung auf dem Weg in eine plastikfreie Zukunft?
Mit der Produktion von Kunststoff verdienen mächtige Konzerne wie ExxonMobil und Shell einen Haufen Geld, und zusammen mit anderen Unternehmen investieren sie derzeit Milliarden in neue »Cracking«-Anlagen, die den Rohstoff für Kunststoffverpackungen produzieren. Es gibt also einige sehr reiche und einflussreiche Unternehmen, die sich der Bewegung weg von Plastikverpackungen widersetzen und ihre Mittel nutzen, um die Öffentlichkeit von ihrer Sache zu überzeugen. Da es eine so starke öffentliche Unterstützung für den Wandel gibt, glaube ich nicht, dass sie damit Erfolg haben werden – aber eine Herausforderung bleibt es sicherlich.

Was ist deiner Meinung nach die beste Möglichkeit, Plastik zu vermeiden?

Indem man endlich sagt, genug ist genug, und die Unternehmen sich verpflichten, Einwegkunststoffverpackungen drastisch zu reduzieren – und die Regierungen dafür sorgen, dass dies auch geschieht. Das passiert gerade auf der ganzen Welt. Es geschieht, weil die Menschen verstanden haben, dass die Verschmutzung durch Plastik ein Problem ist, das wir in den letzten fünfzig Jahren unabsichtlich verursacht haben und das wir lösen können. Unsere Welt hat vor dem Siegeszug der Kunststoffverpackungen funktioniert, also liegt es auf der Hand, dass wir wieder auch ohne sie existieren können. Es wird nicht einfach sein, da Plastik heute unser Leben dominiert, aber wenn wir unseren Einfallsreichtum einsetzen, ist es machbar, und das ist etwas, was mich wirklich motiviert.

Was ist der beeindruckendste Versuch, Plastik zu vermeiden, von dem du je gehört hast – von einer Person oder einem Unternehmen?

Die Arbeit einer Zero-Waste-Gruppe in Manila. Sie entstand als Reaktion auf eine Müllkrise, bei der am Ende Müllsäcke die Straßen buchstäblich blockierten. Die Leute gründeten ein Zentrum für Wiederverwendung und Recycling und knüpften ein Netzwerk zur Unterstützung des Viertels, wodurch die Abfallmenge, die die Menschen auf die Mülldeponie brachten, reduziert werden konnte. Alles andere wird wiederverwendet oder recycelt – beeindruckend!

4

WIE KANN EIN EINZELNER MENSCH ETWAS BEWIRKEN?

Wenn diese Geschichten einen gemeinsamen roten Faden haben, dann diesen: dass jeder Sieg gegen Plastik damit beginnt, dass eine Person oder eine kleine Gruppe von Menschen für sich entscheidet, dass die Zeit zum Handeln gekommen ist. Dass dein Verhalten allein einen Unterschied bewirkt, ist zwar schwer vorstellbar – aber wenn man bedenkt, dass der durchschnittliche Westeuropäer oder Nordamerikaner Jahr für Jahr mehr als sein eigenes Körpergewicht in Plastik verbraucht, wird klar, dass jeder von uns einen Unterschied machen kann. Stimmt, den eigenen Plastikfußabdruck durch eine Flasche hier, einen Kaffeebecher dort zu verkleinern, mag nicht mehr als ein Tropfen auf dem heißen Stein sein, aber die Botschaft, die damit gesendet wird, ist immens – denn auch ein Ozean ist nichts anderes als unzählige Wassertropfen.

Jeder Sieg gegen Plastik beginnt damit, dass eine Person oder eine kleine Gruppe von Menschen entscheidet, dass die Zeit zum Handeln gekommen ist.

Veränderungen, die wir in unserem Leben vornehmen, können weitreichende Auswirkungen haben – besonders, wenn wir mit anderen darüber sprechen, warum wir es tun. Schließlich sind Politiker und Firmenchefs auch nur Menschen, und wenn sie unsere Geschichten hören, warum wir Plastik loswerden wollen und warum sie uns unserer Meinung nach dabei helfen müssen, können sie zum Handeln überredet werden. Menschen sind von Natur aus soziale Wesen – wir alle haben Netzwerke, die sich über unsere Familien, Freunde und Kollegen erstrecken – und dank des technologischen Fortschritts waren unsere Möglichkeiten zu kommunizieren noch nie größer. Wenn du die folgenden Kapitel liest und anfängst, Plastik aus deinem Leben zu verbannen, denke daran, dass eines der mächtigsten Dinge, die wir tun können, ist, darüber zu sprechen, was wir tun und warum wir es tun. So können andere uns folgen!

WIE MAN AUF PLASTIK VERZICHTET: EIN VERSPRECHEN

Wenn du dich von der Arbeit der Menschen und Kampagnen, die ich beschrieben habe, inspiriert fühlst, dann denke, bevor wir uns im nächsten Kapitel im Detail damit befassen, wie man Plastik vermeidet, darüber nach, dieses Versprechen zu geben.

Ab heute verpflichte ich mich, mein Bestes zu tun, um auf Plastik zu verzichten. Es ist kein einfacher Weg, und in vielen Fällen wird es vielleicht nicht ganz gelingen, aber ich versuche, mein Bestes zu geben:

- Ich werde auf Plastik verzichten, wo immer ich das kann, zum Beispiel werde ich keine Strohhalme, Beutel, Kaffeebecher oder Flaschen aus Plastik mehr benutzen.

- Ich werde meinen Plastikfußabdruck reduzieren, wann immer es möglich ist, und plastikfreie Materialien wählen, die für eine lange Lebensdauer ausgelegt sind.

- Wann immer ich Plastikgegenstände wie zum Beispiel Behälter nicht ablehnen oder ihren Gebrauch einschränken kann, werde ich sie wiederverwenden.

- Ich werde auch alles andere recyceln oder wiederverwenden, soweit mir das möglich ist.

- Ich werde allen, die ich kenne, sagen, was ich tue, um Plastik aus meinem Leben zu verbannen, und sie ermutigen, sich mir anzuschließen!

Unterschrift .... Datum ....

#BreakFreeFromPlastic

Inspirierende Menschen, deren Bemühungen, die Verschmutzung durch Plastik zu reduzieren, hohe Wellen schlagen, sind die vierzehnjährige Amy Meek und ihre zwei Jahre jüngere Schwester Ella, die Kids Against Plastic ins Leben gerufen haben und regelmäßig öffentlich über die Notwendigkeit sprechen, unser Leben von Plastik zu befreien.

Warum liegt euch das Plastikproblem so sehr am Herzen?
Als zukünftige Generation ist die Kunststoffverschmutzung ein Thema, das wir erben werden, deshalb wollen wir es so klein wie möglich machen. Seit der Gründung von *Kids Against Plastic* arbeiten wir daran, 100 000 Gegenstände der Big 4 des Plastikmülls (Einwegbecher und -deckel, Strohhalme, Flaschen und Tüten) einzusammeln – ein Stück Plastikmüll weniger für jeden Meeressäuger, der pro Jahr in den Ozeanen durch Plastik getötet wird. Wir haben auch viele Cafés, Unternehmen, Schulen und sogar unsere Stadtverwaltung ermutigt, »plastikschlau« zu werden, was bedeutet, dass sie anspruchsvollere Benutzer von Einwegkunststoffen sind und die Verwendung von wiederverwendbaren Gegenständen fördern. Wir versuchen, für das Thema Plastik so viel Aufmerksamkeit wie möglich zu bekommen, indem wir Vorträge (zum Beispiel einen TEDx-Talk) und Workshops in Schulen halten sowie unsere Crew von *Kids Against Plastic* im ganzen Land herumschicken.

Was können Leute tun, die helfen wollen?

Macht euch plastikschlau! Reduziert den Einsatz von Plastikbechern und -deckeln, Strohhalmen, Flaschen und Tüten.

Was ist das schlimmste Beispiel für Plastikverschmutzung, das ihr je gesehen habt?

Ein Dorf namens Arrochar in Schottland – am Ende des von den Gezeiten durchfluteten Loch Long. Dort wird eine horrende Menge Plastik ans Ufer gespült. Der Anblick hat uns das Problem der Plastikverschmutzung mit voller Wucht deutlich gemacht, vor allem, wenn man sieht, was der ganze Müll mit den Einheimischen macht, die nichts davon produziert haben. Sie haben vor der unerbittlichen Flut an Plastikmüll fast schon kapituliert, versuchen aber immer noch, die allmonatlichen Strandreinigungen durchzuführen. Was in Arrochar passiert, beweist, dass das Plastik, das wir wegwerfen, alle Regionen der Welt betrifft – nicht nur die Entwicklungsländer, die wir auf Fotos und in den Nachrichten sehen.

Was ist eure beste Lösung im Kampf gegen Plastikmüll?

Benutzt Dinge, die wiederverwendbar sind – das kann sogar Geld sparen, da die meisten Cafés inzwischen Rabatte für Leute bieten, die wiederverwendbare Becher mitbringen!

Gibt es irgendwelche Veränderungen, die ihr in eurem Leben vorgenommen habt, um Plastik zu vermeiden?

Wir vermeiden Einwegkunststoffe, insbesondere die Big 4 (Becher und Deckel, Strohhalme, Flaschen und Taschen).

Was ärgert euch am meisten, was Plastik angeht?
Waren, die in Plastik verpackt werden, obwohl sie das gar nicht müssten! Wir ärgern uns besonders, wenn frisches Obst und Gemüse überflüssigerweise in Plastikfolie verpackt ist und wir Kunden nicht einmal die Möglichkeit haben, es lose zu kaufen!

Habt ihr irgendwelche Top-Tipps, um Plastik loszuwerden?
Fangt im Kleinen an! Der Verzicht auf Einwegkunststoffe kann tatsächlich eine große positive Wirkung haben – mehr, als ihr euch vorstellen könnt.

Was ist eurer Meinung nach die größte Herausforderung auf dem Weg in eine plastikfreie Zukunft?
Die Tatsache, dass wir alle zu sehr auf diese Convenience-Verpackungen angewiesen sind. Es wird viel Arbeit brauchen, um unsere Plastikgewohnheiten zu durchbrechen!

Welches sind eure Lieblingstiere im Ozean?
Wale. Es ist faszinierend, wie intelligent und einfühlsam sie sind; Fähigkeiten, die unserer Meinung nach wir Menschen anderen Arten allzu leicht absprechen. Wir waren alle schockiert, als wir in *Blue Planet II* sahen, wie furchtbar der Plastikmüll diesen wunderschönen Wesen schadet.

Plastik zu Hause vermeiden

Nach all diesen guten Gründen, warum wir Plastik loswerden müssen, ist es jetzt an der Zeit, ins Detail zu gehen. Die nächsten Kapitel dienen als Leitfaden dafür, wie du deinen Plastikfußabdruck in vielen Lebensbereichen reduzieren kannst. Aber zuerst ein Top-Tipp: Versuche nicht, alles auf einmal zu machen! Genauso wie jemand, der das neue Jahr mit zwanzig guten Vorsätzen beginnt, verurteilst du dich damit nur selbst zum Scheitern. Also, geh es langsam, aber stetig an, und entscheide Woche für Woche, welche neuen Dinge du ausprobieren und welche Produkte du verwenden (oder nicht mehr verwenden) willst. Einer der besten Orte, um damit anzufangen, ist das Bad ...

5

PLASTIK IM BAD VERMEIDEN

Werfe einen Blick in deinen Badezimmerschrank und auf die Ablage der Badewanne oder Dusche, und aller Wahrscheinlichkeit nach werden sich dort jede Menge Plastikbehälter mit Shampoo, Conditioner und Hautcreme reihen – samt und sonders dazu bestimmt, nach Gebrauch im Hausmüll entsorgt zu werden. Schauen wir also mal, wie man einen Teil des scheinbar allgegenwärtigen Plastiks im Badezimmer loswird.

Nachfüllartikel

Egal, ob eine Flasche Shampoo, Spülung oder Handcreme, es handelt sich dabei wahrscheinlich um einen Plastikspender, der einmal verwendet und dann durch einen neuen ersetzt wird. Mit dem wachsenden Wunsch, Plastik zu vermeiden, steigt auch die

Nachfrage nach Nachfüllpackungen von Leuten wie dir und mir, die es besser finden, lose einzukaufen, leere Flaschen nachzufüllen oder kleinere Behälter direkt im Laden wieder nachfüllen zu lassen.

Was wiederverwendbare Spender angeht, bieten die meisten Haushaltswarengeschäfte oder Drogeriemärkte Flaschen mit Pumpen an, die sich mehrmals verwenden lassen; alternativ könnte man dafür auch schöne alte Glasflaschen verwenden. Vielleicht hast du ja Glück und wohnst in der Nähe eines Ladens, der sie für dich auffüllt. Unternehmen wie Ecover haben Nachfüllstationen in vielen Geschäften, und inzwischen finden sich auch in vielen Drogeriemärkten Spenderstationen zum Nachfüllen mitgebrachter Flaschen. Wer noch keinen Zugang zu solchen Angeboten hat, kann stattdessen nach einem Großhändler in der Nähe suchen oder online kaufen. Oder wie wäre es – ausreichend Platz vorausgesetzt – wenn du dir eine 5- oder sogar 10-Liter-Flasche deiner Lieblingslotion anschaffst, die viele Monate (oder noch länger) hält, und daraus deine wiederverwendbare Pumpflasche auffüllst?

Einige Geschäfte wie Body Shop haben früher einen Nachfüllservice angeboten, diesen aber wegen mangelnder Nachfrage wieder eingestellt. Wenn du also in deinem Lieblingsgeschäft nachfüllen möchtest, dann lohnt es sich immer, den Manager wissen zu lassen, dass er riskiert, dich als Kunden zu verlieren, wenn er keinen Nachfüllservice einführt. Trotz der Tatsache, dass solche Nachfüllstationen für den Handel relativ einfach einzurichten sind, sind sie nach wie vor vergleichsweise selten. Solltest du mit deiner Suche nach Nachfüllstationen für deine Spenderflaschen keinen Erfolg haben, könntest du alternativ feste Seifen und Peelings verwenden, die ohne Plastikverpackung auskommen.

Blockseife und festes Shampoo

Immer mehr Menschen, die versuchen, Plastik in ihrem Badezimmer zu vermeiden, greifen zu festen Seifen und Shampoos. Von Geschäften wie Lush bis hin zu unzähligen Online-Händlern: Seifen- und Shampoo-Stücke sind wieder üblich. Achte aber darauf, dass sie nicht in Einwegplastik, sondern in einer wiederverwendbaren Dose oder Box verpackt sind. Die Umstellung von flüssigen auf feste Pflege-produkte könnte für dich der einfachste Weg sein, Plastik aus deinem Badezimmer zu verbannen. Auch Deo-Sticks und -Cremes werden immer häufiger angeboten, und eine schnelle Suche nach natür-lichen Deodorants auf Plattformen wie *Etsy* reicht völlig aus, um eine ganze Reihe von Optionen auf-gezeigt zu bekommen.

Schwämme

Einfacher könnte kunststofffreies Peeling eigentlich nicht sein. Doch viele Ärzte raten davon ab, im Bad Waschlappen oder Schwämme zu verwenden, da sie, wenn nicht richtig gereinigt, zu wahren Bakterienschleudern mutieren können. Aber falls du dir eine Dusche ohne Schwamm oder Peeling nicht vorstellen kannst, bietet sich als Alternative Luffa an, ein Schwammkürbis, dessen getrocknete Früchte in vielen Drogeriemärkten als Körperschwämme verkauft werden.

Vermeide Mikroperlen

Natürlich kann nicht nur das, in was deine Toilettenartikel verpackt sind, ein Problem darstellen, sondern auch das, was sie enthalten. Noch bis vor Kurzem hatte kaum jemand von Mikroperlen gehört. Als aber die Existenz dieser schädlichen Zusatzstoffe in Cremes und Kosmetika und ihre Folgen für die Umwelt bekannt wurden, reagierten weltweit viele Länder mit Verboten. Da sie sich ideal für eine Vielzahl von kosmetischen Anwendungen wie zum Beispiel Peeling eignen, hatten viele Hersteller natürlichere Alternativen wie gemahlene Aprikosenkerne zugunsten von Mikroperlen aufgegeben, und binnen kurzer Zeit hatte die Zahl der Produkte mit Mikroperlen rasant zugenommen. Heute finden sie sich in zahllosen Alltagsprodukten wie Zahnpasta, Sonnencreme, Make-up, flüssigen Gesichts- und Handseifen und vielem mehr. In Ländern, die noch kein Verbot erlassen haben oder in denen das Verbot noch nicht in Kraft getreten ist, gibt es einige Dinge, auf die du achten musst, wenn du nicht willst, dass du jedes Mal, wenn du dir das Gesicht wäschst oder die Zähne putzt, unwissentlich Tausende dieser umweltschädlichen Perlen den Abfluss hinunterspülst. Auf der Website von Beat the Microbead (www.beatthemicrobead.org), einem Zusammenschluss von Organisationen, die für ein generelles Verbot von Mikroperlen eintreten, findest du eine nützliche Liste von mikroperlenfreien Produkten und von Unternehmen, die sich verpflichtet haben, keine Mikroperlen in ihren Produkten zu verwenden.

Wenn du jedoch nur herausfinden möchtest, ob das, was in deinem Schrank steht, ein Teil des Problems sein könnte, dann checke die Inhaltsstoffe nach folgenden Substanzen:

- Polyethylen (PE)
- Polypropylen (PP)
- Polyethylenterephthalat (PET)
- Polymethylmethacrylat (PMMA)
- Polytetrafluorethylen (PTFE)
- Nylon

Wenn du feststellst, dass ein Produkt, das du bereits gekauft hast, Mikroperlen enthält, dann schlage ich vor, dass du es an den Verkäufer zurückschickst und um Erstattung des Kaufpreises bittest. Möglicherweise bekommst du dein Geld zwar nicht zurück, aber zumindest gibst du ihnen die klare Botschaft, dass ihre Kunden keine Lust haben, jedes Mal, wenn sie sich die Haare waschen oder Zähne putzen, die Ozeane mit Mikroplastik zu verseuchen.

Wattestäbchen

Kurz nach dem Verbot der Mikroperlen haben mehrere Länder und Regionen, darunter Schottland und Frankreich, ein Verbot von kunststoffhaltigen Wattestäbchen beschlossen, ein Schritt, dem demnächst auch Großbritannien folgt. Als die britische Supermarktkette *Waitrose* kunststoffhaltige Wattestäbchen in seinen Filialen in Großbritannien aus dem Sortiment nahm, schätzte das Unternehmen, allein dadurch 21 Tonnen Plastikmüll pro Jahr zu vermeiden – nicht schlecht für ein so kleines Produkt! Falls du dir nicht vorstellen kannst, zum Reinigen deiner Ohren oder zum Entfernen von Make-up etwas anderes als Wattestäbchen zu verwenden, dann wähle bei der Suche nach umweltfreundlichen Wattestäbchen solche mit Bambus- oder Papierstielen anstelle von Plastik. *Johnson & Johnson*, einer der größten Hersteller, hat sich verpflichtet, künftig auf Kunststoff in seinen Wattestäbchen zu verzichten. Leider hat der Konzern das Versprechen nur einigen Ländern gegeben, sprich, es könnte sich lohnen, das Unternehmen anzurufen und nachzufragen, wann sie es dort, wo du wohnst, einzuführen wolen. Schließlich kann es für solche halbherzigen Maßnahmen keine Entschuldigung geben.

Make-up

Make-up-Verpackungen sind ebenfalls problematisch. Es gibt einige Marken, die Schminkartikel wie Rouge und Grundierung zwar in Dosen verkaufen, aber derzeit kann es noch schwierig sein, auf Plastik beim Make-up zu verzichten. Wenn ein Wechsel der Make-up-Marke für dich nicht infrage kommt, dann ist es an der Zeit, ein wenig Unruhe zu stiften. Schreibe an deine Lieblingsmarken und lasse sie wissen, dass ihre Verpackungen nicht den Erwartungen ihrer Kunden entsprechen – und dass du von ihnen erwartest, bessere Verpackungsformen zu entwickeln.

Beim Abschminken dagegen sieht die Sache wesentlich besser aus. Es ist nicht notwendig, Einweg-Make-up-Entfernungspads zu kaufen, die oft in Plastik verpackt sind und manchmal auch aus Plastikfasern hergestellt werden; probiere stattdessen doch die vielen kunststofffreien Alternativen auf dem Markt aus, zum Beispiel die wiederverwendbaren Wattepads von *Sin Plastico* oder die kompostierbaren Konjac-Schwämme aus Pflanzenwurzeln.

Lippenbalsam

Ob in der Dose oder in kompostierbarer Pappröhre, kunststofffreier Lippenbalsam ist zum Glück ganz einfach zu finden. Viele Marken bieten ihre Produkte sowohl in Dosen als auch in Tuben an. Oder du informierst dich online über die unzähligen Möglichkeiten, deine Lippen ohne schlechtes Gewissen zu pflegen. Zum Beispiel mit Honig.

Zähneputzen

Bei der Zahnpflege wird es wieder etwas schwieriger. Nicht nur, dass man hier besonders aufmerksam nach Mikroperlen Ausschau halten muss, auch Zahnpasta in kunststofffreien Tuben ist schwer zu finden, von Zahnbürsten ohne Kunststoffborsten ganz zu schweigen. Dennoch gibt es für Leute, die Wert auf eine kunststofffreie Mundgesundheit legen, einige Möglichkeiten. Bei Zahnpasten gibt es zwei Marken, die man online bestellen kann und die in Gläser verpackt sind: »Truthpaste« und »Georganics« (und keine Angst, deine Zähne werden auch damit sauber!). Alternativ kann man auch zu altmodischem Zahnpulver greifen, wie es seit Jahrhunderten verwendet wird und das die Zähne ebenso effektiv reinigt. Es gibt viele Zahnpulver, die in Gläsern verkauft werden, oder man stellt gleich sein eigenes Zahnpulver her, zum Beispiel nach diesem Rezept von Kathryn, der Betreiberin von www.goingzerowaste.com.

Zahnpulver selbst herstellen

- ¼ Tasse Xylitol: Xylit (Birkenzucker) ist ein natürlicher Süßstoff. Er verhindert das Anhaften von Bakterien an den Zähnen und neutralisiert den pH-Wert, um Karies vorzubeugen.
- ¼ Tasse Backpulver: ein sehr mildes Schleifmittel (weniger abrasiv als handelsübliche Zahnpasten), das Plaque auf den Zähnen löst, Flecken verursachende Moleküle abbaut und den pH-Wert neutralisiert.
- ¼ Tasse Bentonit-Ton: Bentonit zieht Giftstoffe ab, enthält Kalzium und wird oft zur Remineralisierung der Zähne verwendet.

Verrühre alle Zutaten gut miteinander. Vermeide dabei die Verwendung von Metall, da der Ton dadurch deaktiviert wird. Ich benutze einen Holzlöffel und bewahre das Zahnpulver in einem Einmachglas auf. Das Zahnpulver sorgt für einen sauberen Atem und schmeckt völlig neutral. Die Süße des Xylitols hebt die Salzigkeit des Backpulvers auf, der Ton selbst besitzt keinen Eigengeschmack.

Mit den immer häufiger angebotenen Bambus-Zahnbürsten (oder anderen Zahnbürsten mit Griffen aus Holz aus nachhaltiger Forstwirtschaft) wird zumindest der Großteil der Zahnbürste in eine biologisch abbaubare Alternative verwandelt. Viele dieser Zahnbürsten haben laut Herstellerangaben darüber hinaus kunststofffreie Borsten, aber ich empfehle, wie immer das Kleingedruckte zu lesen. Wirklich kompostierbare Borstenalternativen sind fast unmöglich zu finden, und die allermeisten Zahnbürsten mit Bambus- oder Holzgriff haben immer noch in irgendeiner Form Plastikborsten (am weitesten bei der Reduzierung des Kunststoffanteils in den Borsten geht dabei die US-Marke »Brush with Bamboo«). Für die wirklich Ambitionierten (und Nicht-Veganer) stellt die deutsche Marke »Cebra Ethical Skincare« Zahnbürsten auf traditionelle Art mit Wildschweinborsten her – was allerdings nicht jedermanns Geschmack sein dürfte.

Für diejenigen, die nach dem Essen einen Zahnstocher verwenden, gibt es viele wiederverwendbare Angebote aus Titan. Für Zahnseide empfehle ich »Le Negri«, das völlig kunststofffrei ist, oder »Dental Lace«, das Nachfüllpackungen per Post anbietet (obwohl die Zahnseide selbst aus einer Form von Kunststoff besteht). Alternativ kannst du auch Seidenfäden nehmen, wie das etliche Plastikfrei-Blogger empfehlen.

Haarentfernung

Falls deine Entscheidung, auf Plastik zu verzichten, nicht gerade mit der Entscheidung zusammenfällt, deine Körper- und Gesichtsbehaarung wuchern zu lassen, ist Rasieren ein weiterer Teil der Badezimmerroutine, in der Einwegkunststoffe im Überfluss vorhanden sind. Zuerst der Rasierer: Rasierer mit mehreren Klingen sind schlecht für die Umwelt; Einwegrasierer sind noch schlimmer. Kaufe dir einen klassischen Sicherheitsrasierer und eine Packung Klingen. Am Anfang mag das etwas beängstigend sein, aber ehrlich gesagt – der Effekt ist derselbe. Und es dauert nicht lange, bis du die Anschaffungskosten mit Klingen, die ein paar Wochen halten, und einem Griff, der so lange hält, wie du dich gut darum kümmerst, wieder hereingeholt hast. Die allermeisten Drogerien und besseren Geschäfte führen auch heute noch solche Rasiermesser.

Für Herrenrasierseife ist es einfach, online Alternativen zu finden, die in einer traditionellen Holzschale verpackt sind. Für Cremes ist es am einfachsten, auf eine spezielle Rasiercreme zu verzichten und stattdessen ein Stück Seife zu verwenden und sie aufzuschäumen. Werfe dafür mal einen Blick auf Websites wie zum Beispiel *Living Without Plastic* (www.pfree.co.uk). Darüber hinaus gibt es eine Reihe von Geschäften und Marken, die Cremes oder rasierspezifische Seifenblöcke in wiederverwendbaren (oder ganz ohne) Verpackungen herstellen.

Die Rasur ist sicherlich der einfachere Weg zur kunststofffreien Haarentfernung, obwohl es möglich ist, auch dann auf Plastik zu verzichten, wenn man Waxing vorzieht. Beim gewöhnlichen Wachsen kommen Kunststoffstreifen und vollsynthetische Materialien zum Einsatz. *MOOM* ist ein Unternehmen, das sich dem kunststofffreien Wachsen (oder Sugaring) verschrieben und Streifen und organisches Wachs in plastikfreien Verpackungen im Angebot hat. Alternativ haben sich viele Plastikfrei-Blogger für den DIY-Ansatz entschieden: Du kannst online nach Hunderten von Rezepten suchen, um dein eigenes zuckerbasiertes Enthaarungswachs herzustellen, das sich problemlos aus den Baumwollstreifen herauswaschen lässt, mit denen es aufgetragen wird.

Tampons

Was das Thema »plastikfreie Menstruation« angeht, zählt Natalie Fee, Gründerin der britischen Organisation City to Sea, zu den Expertinnen. »Die meisten Frauen sind total schockiert«, berichtet Natalie, »wenn man ihnen erzählt, dass ihre Binden und Tampons jede Menge Kunststoff enthalten«. Wenn man sich vor Augen hält, dass jede Frau im Durchschnitt zwischen 12 000 und 16 000 Tampons verbraucht, verwundert es wenig, dass Tampons und die dazugehörigen Applikatoren häufig mit zu den an Stränden gefundenen Gegenständen zählen – besonders, wenn nach schweren Regenfällen die Kanalisation überläuft. In dem fantastischen, von City to Sea produzierten Kurzfilm *Plastic Free Periods?* erfährt man zum Beispiel, dass die durchschnittliche Einwegdamenbinde ebenso viel Plastik wie vier Tragetaschen enthält. Es mag selbstredend sein, dennoch kann man es gar nicht oft genug wiederholen: Tampons, selbst kompostierbare, sollten nicht ins Klo hinuntergespült werden!

Eine einfache Möglichkeit ist die Umstellung auf die kompostierbaren und weltweit erhältlichen Produkte von Natracare, ein Unternehmen, das sich bei der Herstellung von Tampons strikt gegen unethische und nicht nachhaltige Praktiken wendet. Oder Tampon Tribe, das für jede verkaufte Monatspackung Tampons eine Tagespackung für obdachlose Frauen spendet. Alternativ können sich Frauen für einen wiederverwendbaren Mooncup entscheiden, dessen zentraler Anspruch lautet: »Du brauchst nur einen.« Eine Menstruationstasse ist in der Anschaffung teurer, aber da sie wiederverwendbar ist, hast du die Investition in wenigen Monaten wieder hereingeholt.

Ins Klo runtergespült

Es sind nicht nur Tampons, die ins Klo runtergespült werden, um dann im Meer und an unseren Stränden wiederaufzutauchen. Feuchttücher sind ebenfalls ein allzu häufiger Anblick im Meer. Die zumeist in Kunststoffverpackungen verkauften Feuchttücher werden oft aus Kunststofffasern hergestellt. Wenn du regelmäßig Feuchttücher verwendest, überlege, ob du sie in deinem Alltag ersetzen oder gleich ganz loswerden kannst, indem du stattdessen ein Tuch verwendest. Falls du jedoch partout nicht auf Feuchttücher verzichten willst, dann

werfe sie nicht in die Toilette, sondern in den Mülleimer!

Toilettenpapier mag aus Papier bestehen, aber
das, in was es eingewickelt ist, ist oft kein Papier.
Zum Glück gibt es Unternehmen wie Who Gives a
Crap, Pure Planet, EcoLeaf oder Seventh Generation, die euch papierverpacktes Toilettenpapier
nach Hause liefern. Außerdem liefern sie auch große
Mengen, sodass du nicht Gefahr läufst, plötzlich
ohne Klopapier dazustehen!

Wenn du Klobürsten in irgendeinem Geschäft
kaufst, ist die Wahrscheinlichkeit hoch, dass die
Bürste, mit der du die Kloschüssel putzt, entweder
komplett aus Plastik ist oder zumindest Plastikborsten hat. Du kannst eine kunststofffreie Toilet-
tenbürste bei Plastic Free Life (der Quelle so vieler
kunststofffreier Alltagsgegenstände) bestellen, die
Schweineborsten verwendet – oder, für Veganer,
der britische Online-Shop Boobalou hat eine Klo-
bürste mit pflanzlichen Borsten im Angebot.

Wie wäre es nun, nachdem du dich durch dein
Badezimmer gearbeitet hast, die Plastikfrei-Alter-
nativen, die zu deinem Geschmack, Budget und
dem Angebot vor Ort passen, in einer Tabelle wie
der nebenstehenden einzutragen – vielleicht machst
du ja sogar ein Foto von deinem Plan und stellst ihn
online, damit andere deinem Beispiel folgen können?

ARTIKEL	PLASTIKFREIE ALTERNATIVEN
Shampoo	
Seife	
Handwäsche	
Rasiercreme	
Rasierer	
Deodorant	
Schwamm	
Lippenstift	
Grundierung	
Rouge	

Andere Make-up-Produkte	
Zahnbürste	
Zahnpasta	
Lippenbalsam	
Make-up-Entfernung	
Tampons	
Toilettenpapier	
Toilettenbürste	
Andere	

6

PLASTIK IM SCHLAF-
ZIMMER VERMEIDEN

Mikrofasern und Kleidung

Die meisten Menschen reagieren überrascht, wenn sie erfahren, dass die Kleidung, die sie tragen, eine der Hauptquellen für Plastik im Meer ist. Kleinste Stoffstränge, normalerweise aus Nylon oder Polyester und viel feiner als ein menschliches Haar, werden jedes Mal, wenn wir unsere Kleidung tragen und sie waschen und wenn wir sie wegwerfen, in die Umwelt freigesetzt. Seit dem Siegeszug der »Fast Fashion« macht Polyester als billiges und einfach zu verarbeitendes Material rund 60 Prozent des von uns getragenen Bekleidungsmaterials aus. Allein 2016 sind nach UN-Angaben schätzungsweise 61 Millionen Tonnen synthetische Fasern hergestellt worden.

Laut einem Bericht der International Union for Conservation of Nature aus dem Jahr 2017 werden zwischen 15 und 31 Prozent aller Kunststoffverschmutzungen durch Mikrokunststoffe verursacht.[2] Die Autoren schätzen, dass eine Person, die in Europa lebt, im Durchschnitt das Äquivalent von 54 Plastiktüten pro Jahr in die Ozeane wirft. Die Zahl für Nordamerika steigt auf schwindelerregende 150 Plastiktüten pro Person und Jahr. Weltweit, heißt es in dem Bericht weiter, gelangt über ein Drittel dieses Plastiks durch das Wäschewaschen in die Ozeane. Mit weniger als einem Millimeter Länge sind die Mikrofasern so klein, dass sie durch unsere Waschmaschinen-Drainagesysteme rutschen. Pro Fleecejacke gelangen laut einer Studie der University of California, Santa Barbara, bis zu 250 000 Mikrofasern ins Abwasser.[3] Für jemanden wie mich, der die Natur liebt und deshalb gerne Rad fährt und mit dem Kajak unterwegs ist, ist es mehr als ärgerlich, dass die Ausrüstung, die ich dabei benutze, und die Kleidung, die ich dabei trage, die Umwelt massiv belasten.

Die Frage danach, wie diese Fasern dem Meer schaden können, wenn sie doch so klein sind, ist keineswegs absurd. Und die Antwort ist – wie so oft bei diesem sich rasant verschärfenden Problem –, dass wir die wahren Auswirkungen noch nicht verstanden haben.

Eine einzige Fleecejacke kann bis zu 250 000 Mikrofasern in die Umwelt freisetzen.

Was wir wissen, ist, dass diese synthetischen Fasern, obwohl sie mit bloßem Auge nicht zu sehen sind, für Zooplankton wie Krill, winzige Krebse, wie schmackhafte Leckereien aussehen können. Tiere wie diese bilden die Basis der Nahrungskette im Ozean und werden in großen Mengen von größerem Zooplankton, Fischen und Meeressäugern wie Walen gefressen. Auf diese Weise können Mikrofasern in die Nahrungskette gelangen und sich anreichern, bis sie schließlich sogar auf unseren Tellern landen. Darüber hinaus können Mikrofasern so wie größere Kunststoffe die Mägen von Vögeln und Walen verstopfen und andere Zooplanktonarten wie Copepoden daran hindern, die Algen, von denen sie sich ernähren, zu verdauen.[4]

Die International Union for Conservation of Nature schätzt, dass zwischen 15 und 31 Prozent der globalen Kunststoffverschmutzung durch Mikrokunststoffe verursacht werden.

Was also können wir dagegen tun? Wenn diese synthetischen Stoffe so weit verbreitet sind und die Verschmutzung, die sie verursachen, weitgehend unsichtbar bleibt, ist eine Lösung dafür nur schwer vorstellbar. Hier sind ein paar Dinge, die wir tun können, damit nicht länger diese gigantische Mengen an Mikrofasern in die Ozeane gelangen.

Shoppen

Weniger Kleidung kaufen

Ich kenne das Gefühl, das Wetter ändert sich, und du willst, dass dein Outfit stimmt, oder der Reißverschluss an deiner Jeans geht kaputt, und es ist einfacher, günstig eine neue Hose zu kaufen, als die alte Jeans zum Änderungsschneider zu bringen. Kleidung ist heute so billig, dass wir oft vergessen, dass es ein relativ neues Phänomen ist, in den nächsten Laden zu spazieren und nach Lust und Laune in großen Mengen einzukaufen, ohne dabei unbedingt an die Auswirkungen auf die Umwelt oder an die Menschen, die sie hergestellt haben, zu denken. Wenn wir weniger neue Kleidung kaufen, etwa, indem wir ein kaputtes Kleidungsstück flicken oder Kleider vom letzten Jahr weiter tragen, obwohl die Mode eine neue Farbpalette diktiert, ist das eine einfache und effektive Methode, die Menge an Mikrofasern in der Umwelt zu reduzieren (und gleichzeitig Geld zu sparen!). Je länger du die Kleidung, die bereits in deinem Kleiderschrank

hängt, trägst, desto umweltfreundlicher verhältst
du dich.

Weniger neue Kleidung kaufen

Neu ist nicht immer besser für die Umwelt. Wenn du
das nächste Mal einkaufen gehst, schau dich doch
einmal in Sozialkaufhäusern und Secondhand-Läden
nach gebrauchten Schätzen um; schließlich wiederholen sich Trends. Und auch wenn sie aus Synthetik-
materialien besteht und entsprechend den unten
aufgeführten Empfehlungen gewaschen werden
müsste, lohnt sich ein Blick auf die inzwischen ver
mehrt auf den Markt drängende Kleidung aus Recy-
cling-Kunststoff, wie sie etwa Pharrell Williams
oder einer der vielen Hundert kleinen Start-ups herstellen, die von Haute Couture bis hin zu Sportkla-
motten die gesamte Palette abdecken.

Weniger synthetische Kleidung kaufen

Bevor du etwas kaufst, wirf einen Blick auf das Eti-
kett, und informiere dich über das Material. Bevorzuge, wenn möglich, natürliche Materialien wie
Wolle, Baumwolle und Seide. Leider kostet Kleidung
aus diesen Materialien oft mehr, andererseits ist
hochwertige Kleidung aus natürlichen Materialien
meist deutlich länger haltbar. Wenn du Outdoor-
Bekleidung kaufst, bevorzuge Hersteller wie Fjällrä-
ven oder Patagonia, die versuchen, den Mikrofaser-
anteil in ihren Produkten zu reduzieren. Generell
solltest du, wenn du dich damit abfinden kannst, auf
den Kauf flauschiger Kleidung und von Materia-

lien wie Fleece verzichten, da diese in der Waschmaschine mit zu den schlimmsten Übeltätern zählen.

Verschaffe dir Gehör

In Kapitel 11 schauen wir uns an, wie man eine
Kampagne im Detail durchführt, aber wenn du in
einem Geschäft stehst und versuchst, das Richtige
zu tun, indem du nach Kleidung aus natürlichen
Materialien suchst und alles, was dir gefällt, synthetische Fasern enthält, dann empfehle ich dir, das
zu tun, was jeder Kunde, der mit dem Service, den
er erhält, nicht zufrieden ist, tun sollte: Beschwere
dich! Je mehr Menschen ihre Stimme erheben – sei
es unter vier Augen mit dem Filialleiter, per E-Mail
an den Kundenservice oder öffentlich in den sozialen Medien –, desto eher werden diese Unternehmen erkennen, dass Menschen nicht für die Verschmutzung unserer Meere durch die Kleidung, die
sie kaufen, verantwortlich sein wollen.

Waschen

Muss ich das wirklich waschen?

Synthetische Kleidung nur dann waschen, wenn es
nötig ist. Ich bekenne mich ebenfalls schuldig, nach
einem langen Arbeitstag meine Kleider manchmal
einfach in den Wäschekorb zu werfen, obwohl ich
sie nach einem Tag im Büro problemlos nochmals
tragen könnte.

Wasche deine Kleidung intelligenter

Auf der Basis eigener Untersuchungen hat der auf Outdoor-Kleidung spezialisierte Hersteller Patagonia eine Liste von Maßnahmen erstellt, mit denen sich die Zahl der Mikrofasern verringern lassen, die beim Waschen von Synthetikkleidung ins Waschwasser gelangen:

- Wasche bei niedrigeren Temperaturen (idealerweise Kaltwäsche).
- Achte darauf, dass die Waschmaschine voll beladen ist.
- Wähle eine niedrigere Schleudergeschwindigkeit und einen kürzeren Zyklus.
- Verwende Weichspüler und Flüssigwaschmittel.

Kaufe eine Waschmaschine mit Mikrofaserfilter

Obwohl noch nicht auf dem Markt, wird die wachsende Nachfrage hoffentlich bald zur Einführung von Waschmaschinen mit eingebauten Mikrofaserfiltern führen, wie sie derzeit etwa im Rahmen des von der EU geförderten Projekts Mermaids entwickelt werden. Wenn du dir in ein paar Jahren eine neue Waschmaschine zulegst, dann achte darauf, ob du eine mit einem solchen Filter bekommen kannst.

Benutze Waschmittel mit weniger
Kunststoffverpackungen

Auch wenn das jetzt nicht direkt mit Mikrofasern zu tun hat: Dein Waschmittel kann auch eine Quelle für Plastikmüll sein. Verwende statt einzeln verpackter Plastikkapseln lieber Waschpulver aus einem Karton; falls du flüssiges Waschmittel bevorzugst, dann kaufe Großpackungen. So reduzierst du die Anzahl der verwendeten Plastikflaschen.

Bettwäsche, Teppiche, Möbel und Matratzen

Natürlich ist Kleidung nicht der einzige Stoff im Schlafzimmer. Auch für die Inneneinrichtung können synthetische Fasern verwendet werden – da sie jedoch viel seltener gewaschen werden, stellen sie ein viel kleineres Teil des Problems dar. Bei der Bettwäsche gelten die gleichen Regeln wie bei der Kleidung: Achte darauf, Bettwäsche und Decken aus natürlichen Materialien wie Baumwolle und Seide zu wählen.

Wenn du wirklich daran interessiert bist, das ethische Tüpfelchen auf dem i zu setzen, könntest du auch noch einen Schritt weiter gehen und den Rest deiner Wohnungseinrichtung von Unternehmen beziehen, die recycelten Kunststoff verwenden. Firmen wie Weaver Green bieten eine große und zunehmend erschwingliche Auswahl an Kissen, Teppichen, Taschen und sogar Hundebetten, die aus recycelten Plastikflaschen hergestellt werden (es ist erstaunlich, wie sehr Plastik sich wie Wolle anfühlen kann!). Es ist dann nicht schwer, noch weiter zu gehen und sich Betten, Matratzen und Bettdecken aus recycelten Materialien von Firmen wie Nimbus und Silentnight anzusehen. Ich bin mir sicher, dass sich solche Produkte in den kommenden Jahren durchsetzen werden, da das Bewusstsein für die Notwendigkeit wächst, Plastik zurückzuhalten, bevor es in die Umwelt gelangt.

7

PLASTIK IN DER KÜCHE VERMEIDEN

Die Küche ist das Ziel für die Waren, die wir am häufigsten kaufen, was es mitunter sehr schwierig macht, dort Plastik zu vermeiden, besonders wenn einem die großen Supermärkte kaum eine Wahl lassen. Fast die Hälfte unseres individuellen Plastikverbrauchs besteht aus den Verpackungen für Produkte des täglichen Bedarfs. Von den großen Supermarktketten bekommt man häufig zu hören, Plastik sei zwar ein Problem, aber ohne Plastikverpackung gäbe es 40 Prozent mehr Lebensmittelverschwendung. Ein kürzlich veröffentlichter Bericht von Friends of the Earth Europe besagt allerdings, dass Plastikverpackungen in direkter Korrelation mit der Lebensmittelverschwendung zugenommen haben: Lebensmittelabfälle haben sich in europäischen Haushalten von 2004 bis 2014 verdoppelt, während Plastikverpackungen um über 25 Prozent zugenommen haben.

Darüber hinaus zeigte der Bericht, dass viele Verpackungsarten sogar die Lebensmittelverschwendung erhöhen, weil Markenhersteller und Einzelhandel die Aufmerksamkeit des Kunden mit übertriebenem Verpackungsaufwand und Sonderangeboten zu gewinnen suchen, bei denen man zwei Artikel zum Preis von einem oder anderthalb bekommt. Dadurch werden manche Kunden verleitet, mehr zu kaufen, als sie brauchen. Die Marktforschung zeigt, dass den meisten Käufern ein einzeln erhältliches Sonderangebot lieber ist als eines, bei dem man mehrere Artikel kaufen muss, aber dennoch produzieren viele Einzelhändler auf diese Weise weiter übermäßig viel Verpackungsmüll. Die Studie zeigt deutlich, dass man viele Lösungsansätze braucht, um die Lebensmittelverschwendung zu verringern, genau wie bei der Verringerung der Umweltverschmutzung durch Plastik. Wenn die Supermärkte zum Beispiel nicht immer um jeden Preis volle Regale wollten, ungeachtet der tatsächlichen Nachfrage nach einem Produkt, oder nicht nur Gemüse verkauften, das absolut perfekt aussieht, wäre dann die Lebensmittelverschwendung wohl immer noch so schlimm?

Unter den großen Supermarktketten herrscht schärfster Konkurrenzkampf. Der Lebensmitteleinzelhandel ist ein Markt, in dem die Wettbewerber rücksichtslos um Anteile kämpfen. Monat für Monat brüten die Marketingexperten über den Umsatzzahlen, um gegenüber ihren unmittelbaren Konkurrenten noch ein wenig mehr herauszuholen. Um einander mit neuen Ideen zu übertrumpfen, beschäftigen sie Teams für Marketinginnovation, die das einzelne Produkt ansprechender und zugänglicher für den Kunden machen sollen. Not würde eben erfinderisch machen – nun, dann sollten wir als Kunden diese Supermarktketten ebenfalls in Not bringen und sie dazu zwingen, nicht mehr jedes Produkt einzeln zu verpacken, sondern Alternativen zu entwickeln. Die britische Supermarktkette Iceland geht hier mit gutem Beispiel voran und hat versprochen, bis 2023 plastikfrei zu werden. Indem wir uns zu Wort melden und uns beschweren, selbst wenn es nur ein Kommentar auf der Website des Onlineshops ist, können wir dafür sorgen, dass die hoch qualifizierten Ingenieure und Designer in den Innovationsteams angewiesen werden, nicht mehr nur in Plastik zu denken und stattdessen neue Wege des Warenverkaufs zu entwickeln, die nicht mehr auf Verpackungen beruhen, die wir in den heute anfallenden Mengen überhaupt nicht ordentlich entsorgen können.

Die Lebensmittel- verschwendung euro- päischer Haushalte hat sich von 2004 bis 2014 nahezu ver- doppelt, während Plastikverpackungen um mehr als 25 Prozent zugenommen haben.

Bis es so weit ist, hier noch einige Tipps zur Plastik-vermeidung in der Küche.

Einkaufen

Vorbereitung

Bevor du in den Supermarkt gehst, überlege, was du alles brauchst und kaufen willst. Ich bleibe besonders dann auf einem Haufen Plastik sitzen, wenn ich in letzter Minute im Vorbeigehen einkaufe oder loshetze, ohne mir vorher einen Einkaufszettel zu schreiben. Ein bisschen Vorbereitung und Mitdenken beim Einkauf kann dir oft schon prima helfen, den Plastikverbrauch von Vornherein zu vermeiden.

Weg mit den Plastiktüten

Bevor du aus dem Haus gehst, solltest du nachschauen, ob du genügend wiederverwendbare Transportbehälter dabeihast. Das können die »Ewigen Einkaufstüten« aus dem Supermarkt sein, Baumwollbeutel oder auch einfach ein Rucksack. Jahr für Jahr werden weltweit mehr als 500 Milliarden Plastiktüten verbraucht – mindestens eine Million pro Minute. Plastiktüten durch Mehrwegtaschen zu ersetzen ist womöglich die einfachste Maßnahme überhaupt zur Plastikvermeidung.

Wenn du deine Lebensmittel im Internet bestellst, denke daran, im Kommentarfeld des Bestellformulars auf einer plastikfreien Verpackung zu bestehen. Vielleicht ignoriert der betreffende Händler das zwar, aber je mehr Kunden diesen Wunsch äußern, desto wahrscheinlicher wird er ihn als Option anbieten.

Plastiktüten durch Mehrwegtaschen zu ersetzen ist womöglich die einfachste Maßnahme überhaupt zur Plastikvermeidung.

Wo kaufe ich ein?

Egal, wo du einkaufst – kümmere dich um die Plastikvermeidung!

Eine Möglichkeit ist, einfach weiter im gewohnten oder nächstgelegenen Laden einzukaufen und dabei übermäßig verpackte Waren zu meiden und deinen Status als Stammkunde einzusetzen, um für weniger Plastikverpackungen zu sorgen. Du kannst zum Beispiel mit dem Filialleiter sprechen oder jemanden vom Kundendienst anrufen, oder die Verpackung, die dich am meisten ärgert, fotografieren und das Bild mit dem Namen des Ladens in den sozialen Netzwerken posten.

Soziale Netzwerke einsetzen

Eine einfache Methode, deinen Ärger loszuwerden und den Firmen die übermäßige Plastikverwendung zu vergällen: Schieß Fotos der schlimmsten Fälle und stelle das Bild bei Instagram, Snapchat, Twitter, Facebook oder einem anderen sozialen Netzwerk ein, gib den Account des betreffenden Unternehmens mit an und denk an den Hashtag

#BreakFreeFromPlastic.

Jedem Menschen, mit dem ich darüber spreche, fällt mindestens ein Fall ein, bei dem er sich über das Unmaß von Plastik, in das etwas eingepackt war, furchtbar aufgeregt hat. Ob nun einzeln plastikverpacktes Obst, auf einem Plastiktablett noch einmal in Folie gehüllt oder winzige Mengen gehacktes Gemüse in übergroßen Plastikbeuteln – es ist nicht schwierig, solche Fälle von Plastikwahn bei der Verpackungsgestaltung zu finden. Anfang 2018 brachte die britische Supermarktkette *Marks & Spencer* ein sogenanntes »Blumenkohlsteak« in die Regale – zwei Scheiben Blumenkohl in Plastik verpackt. Es sollte 2 Pfund kosten, so viel wie ein ganzer unverpackter Blumenkohl. Ein zu Recht empörter Kunde tweetete ein Bild davon, *Marks & Spencer* wurde zum Ziel von Hohn und Spott und nahm das »Steak« ganz aus dem Sortiment. Fazit: Siehst du etwas, das in unseren Regalen nichts zu suchen hat und das dem gesunden Menschenverstand zuwiderläuft, dann erzähle deinen Freunden und Angehörigen davon, teile es mit deinen Followern, und hilf mit, den Unternehmen die Augen zu öffnen, auf welche Verpackungsabwege sie geraten, wenn niemand sie kontrolliert.

Bei vielen großen Einzelhändlern gibt es auch loses Obst und Gemüse zu kaufen. Manche lassen sogar Exemplare mit in den Obstkisten, die den üblichen überzogenen Standards nicht genügen. Indem du diese krummen Salatgurken und fleckigen Äpfel kaufst, kannst du mithelfen, nicht nur Plastikmüll, sondern auch Lebensmittelverschwendung zu reduzieren.

Kaufe vor Ort und bei unabhängigen Händlern

Anstatt bei deinem gewohnten Supermarkt zu bleiben, kannst du dich auch nach anderen Einzelhändlern umschauen, die nicht so viel Plastik verwenden. Kleine Gemüsehändler, Reformhäuser und Bioläden sind oft am besten mit losem Obst und Gemüse versorgt, das man sich in Papiertüten oder gleich in den eigenen wiederverwendbaren Beutel geben lassen kann. Metzger, Feinkosthändler, Bäckereien und Fischhändler werden deinen Einkauf ebenfalls gerne in Papier oder in den wiederverwendbaren Behälter einpacken, den du mitbringst. Frische Lebensmittel werden seltener in Plastik verpackt, weil man sie ja nicht lange aufheben, sondern auch frisch essen will und sie also auch keine Verpackung zum Einlagern brauchen. Wenn du keine kleinen unabhängigen Lebensmittelläden in der Nähe hast, geh zu den Metzgerei- und Käsetheken der Supermärkte, und bitte sie, deine Käse- oder Fleischeinkäufe in Papier oder deinen eigenen Behälter zu verpacken.

Natürlich kann man nicht immer vor Ort einkaufen – vielleicht sind die Läden in deiner Gegend zu teuer, oder es gibt einfach zu wenige. In diesem Fall kannst du dich nach einem Öko-Lieferdienst für Lebensmittel umschauen. Ob Gemüse- oder Fleischlieferanten oder auch dein örtlicher Supermarkt, wenn er bereit ist, bei deiner Bestellung auf Plastikverpackungen zu verzichten – Lieferdienste können eine gute Möglichkeit zur Müllvermeidung sein.

Die Zukunft des plastikfreien Einkaufs

Überall auf der Welt schießen jetzt Einzelhändler aus dem Boden, die den Kunden helfen wollen, ohne Plastik auszukommen – eine ermutigende Tendenz. Von Zero in Fremantle (Australien) bis zu Earth.Food.Love in Totnes (GB) bieten unabhängige Einzelhändler, die sich über den Verpackungswahn genauso ärgern wie die Kunden, die alternative Vision einer plastikfreien Zukunft an.

Was kaufe ich?

Frische Lebensmittel

Bleibt die Frage, was man kaufen soll, um weniger Plastikmüll zu verursachen. Wie gesagt, frische Lebensmittel, vor Ort gekauft, sind hier oft am wirksamsten. Viele Verbraucher können zum Beispiel den Markt in ihrer Stadt oder ihrem Dorf aufsuchen oder zum örtlichen Feinkosthändler gehen. Wenn du dort Stammkunde wirst und den Besitzer kennenlernst, kannst du mit ihm darüber sprechen, wie er Plastikverpackungen reduzieren kann, und dir die Waren nach deinen Wünschen einpacken lassen. Wenn es etwas gibt, dass mir bei den Recherchen zu diesem Buch deutlich geworden ist, dann, dass einfach nicht jeder die Möglichkeit hat, völlig plastikfrei einzukaufen. Das hängt sehr vom Wohnort ab und davon, wie viel Zeit du für die Suche hast. Also betrachte die Optionen hier einfach als Ideal. Aber selbst, wenn du im Supermarkt zum losen Gemüse greifst statt zu in Plastik verschweißten Großpackungen, ist das schon eine wunderbare Gelegenheit, deinen Plastikverbrauch zu reduzieren.

Pasta, Körner & Co.

Trockene Waren bieten ebenfalls eine gute Möglichkeit, deinen Plastikfußabdruck beim Einkaufen zu reduzieren. Sie sind von allem, was du im Küchenschrank hast, am leichtesten in Großpackungen erhältlich und halten sich praktisch unbegrenzt. Kauf vielleicht gleich fünf oder zehn Kilo. Wenn dein Händler oder Supermarkt solche großen Einheiten nicht führt, versuche es bei einem Großhändler im Internet, zum Beispiel Infinity Foods oder Naturally Good Food, die sich Gedanken um die Reduzierung ihrer Plastikverpackungen machen.

Damit das funktioniert, brauchst du ein paar gute Vorratsbehälter für die Küche. Nimm entweder alte Schraubgläser, die du ausgespült hast, oder suche dir ein paar schönere bei einem Wohltätigkeitsladen oder im Haushaltswarenhandel. Dann kannst du Nudeln, Körner oder Hülsenfrüchte wie Bohnen in großen Mengen kaufen und jeweils kleinere Mengen davon in die Behälter in der Küche umfüllen, um damit zu kochen. Kauf dir Clips oder Gummibänder, um die großen Vorratssäcke wieder zu verschließen und hinten im Schrank oder in deinem Schuppen zu lagern. Wenn du trockene Waren wie Nudeln richtig lagerst, halten sie bis zu drei Jahre lang, die meisten Reissorten sogar länger; fülle sie einfach in die kleineren Behälter nach, wie und wann du sie brauchst, anstatt jedes Mal in kleineren Plastikbeuteln nachzukaufen.

Trockene Waren wie Pasta, Körner & Co. bieten ebenfalls eine gute Gelegenheit, deinen Plastik- fußabdruck beim Einkaufen zu reduzieren.

Wenn du auch anderen Müll reduzieren willst, nicht nur Plastik, überlege, ob du vielleicht auch Lebensmittel, die du sonst in Konservendosen kaufst, in großen Mengen kaufen kannst. Konservendosen sind oft in Plastik eingeschweißt oder haben Plastiketiketten. Wenn du diese Lebensmittel trocken kaufst, musst du dir angewöhnen, sie vor dem Kochen zunächst einzuweichen, aber der Vorteil dabei ist, dass Hülsenfrüchte in Großhandelseinheiten fast immer günstiger sind als in Konservendosen. Außerdem werden Aluminiumdosen zwar häufiger recycelt als die meisten Plastikverpackungen, aber die Aluminiumherstellung führt zu Umweltproblemen, die man wenn möglich besser vermeidet. Immer mehr Händler weltweit fangen an, trockene Waren in kleineren Portionsgrößen in Papiertüten (oder auch selbst mitgebrachten Behältern) abzufüllen, und bringen uns damit die Vorteile von beidem.

Zu den schlimmsten Fällen übermäßiger Plastikverpackung zählen die sogenannten »Multipacks« – Plastikpackungen in Plastikverpackungen, deren Inhalt oft ebenfalls in die Mülltonne wandert und damit zur steigenden Lebensmittelverschwendung beiträgt. Versuche beim Einkaufen bitte nur das zu kaufen, was du wirklich brauchst, anstatt dich von Sonderangeboten zu Impulskäufen verleiten zu lassen, die vermutlich nur anders verpackte Versionen der Waren sind, die weiter unten im Regal stehen. Wenn du wirklich eine größere Menge brauchst oder bei einem bestimmten Produkt sparen musst, halte nach einer Großpackung Ausschau (manchmal gibt es die sogar in Papier- oder Pappverpackung) anstatt nach mehreren zusammengeschweißten Portionspackungen.

Selber machen

Wenn du gerne kochst oder die Zeit dazu hast, dann kannst du jede Menge Plastikmüll vermeiden, indem du die Grundnahrungsmittel lose und frisch kaufst und deine Gerichte selbst zubereitest. Insbesondere Süßigkeiten und Knabberzeug zählen zu den größten Plastikmüllverursachern: Chips, Schokolade, sogar bereits zubereitete Obst- und Gemüsestücke für Dips. Wenn du deine Guacamole oder deine Energieriegel selbst zubereitest, sparst du Geld und kannst sie in deinen eigenen wiederverwendbaren Plastikbehältern aufbewahren. Süßigkeiten und Knabberzeug kann man unglaublich leicht selber zu Hause in großen Mengen herstellen und aufbewahren – such dir am besten im Netz Rezepte für deine Lieblingssnacks.

Vermeide nicht-recycelfähiges Plastik

Einige Verpackungsarten solltest du beim Einkaufen unbedingt vermeiden. Auf deine rote Liste gehören zum Beispiel Styropor, Polystyrol und PVC. Diese Kunststoffe werden kaum jemals recycelt, sondern verschmutzen die Umwelt oder enden auf der Deponie. Es ist lächerlich, dass noch nicht mehr Supermärkte die Notwendigkeit erkannt haben, diese nicht-recycelbaren Verpackungsmaterialien komplett zu verbannen.

Fertiggerichte, frisches Obst und Fleisch werden gerne in Folie eingeschweißt auf schwarzen Plastiktabletts angeboten. Obwohl der Kunststoff, aus dem sie bestehen, oft recycelbar ist, können die Sortiermaschinen in den Wertstoffanlagen diese Tabletts wegen der schwarzen Farbe nicht vom schwarzen Hintergrund des Förderbands unterscheiden, sodass sie verbrannt oder deponiert werden. Forschungen zufolge würde eine andere Farbgebung die einzelne Packung nicht einmal um einen Penny verteuern. Wenn du dich also ärgerst, dass du mit deinem Lieblingsgericht unwillentlich zu den Milliarden nicht-recycelter Plastiktabletts beiträgst, die jährlich anfallen, dann lass es den Hersteller wissen.

Wenn du keine andere Wahl hast – das ist ja oft so –, als Waren in Plastikverpackungen zu kaufen, dann achte möglichst darauf, dass sie wenigstens das internationale Recyclingsymbol tragen, die drei Pfeile im Dreieck.

Das bedeutet, dass es zumindest eine Chance gibt, die Verpackung in den Recyclingkreislauf zurückzuführen. Verpackungen ohne dieses Symbol sollte man meiden. Welche von den recycelfähigen Kunststoffen tatsächlich wiederaufbereitet werden, unterscheidet sich je nach Land so sehr, dass wir hier keine Auflistung beifügen können. Du kannst aber für deine Gegend leicht selbst recherchieren. Gehe auf die Website deines zuständigen Müllentsorgers – dort wirst du eine Liste der Stoffe und Produkte finden, die du ihnen zum Recyceln geben kannst, idealerweise mit den zugehörigen Logos.

Getränke

Die Verpackungen der Getränke, die wir kaufen, zählen zu den am häufigsten gefundenen Gegenständen an unseren Stränden und im Meer. Außer dem inzwischen sehr bekannten Problem der Plastikflaschen und ihrer Plastikverschlüsse spielen auch die Plastikringe von Sixpacks, Kaffeekapseln und sogar Teebeutel eine große Rolle als Umweltverschmutzer.

Kaffeekapseln

Die steigende Zahl von Kaffeemaschinen hat leider auch dem Markt für sogenannte Einwegkaffeekapseln wie die von Nespresso und anderen Herstellern einen großen Aufschwung verschafft. Diese Kapseln bestehen meist aus einem Plastikschälchen, das mit einem Aluminiumdeckel verschlossen ist. Die beiden Materialien zu trennen, das können und wollen die meisten Sortieranlagen aber nicht leisten.

Wenn du dir noch keine Kaffeemaschine für Einwegkapseln zugelegt hast, die einzelne Tassenportionen zubereitet, dann bedenke, wie viel größere Umweltschäden sie anrichtet, verglichen mit einer normalen Espresso-, Instant- oder Filterkaffeemaschine oder einer der vielen anderen Arten der Kaffeezubereitung. In Hamburg haben zum Beispiel alle Behörden den Gebrauch von Kaffeekapseln in ihren Bürogebäuden untersagt, um die Müllmenge zu reduzieren; in den USA hat eine Kampagne gegen den großen Hersteller Keurig, der erst bis 2020 auf vollständig recycelfähige Kapseln umstellen wollte, zu deutlichen Umsatzrückgängen geführt.

Wenn du allerdings schon abhängig von der schnellen Tasse Kaffee am Morgen bist, hast du mehrere Möglichkeiten, um wenigstens nicht so viel Müll zu hinterlassen. Erstens kannst du kompostierbare Kapseln nehmen, die nach Gebrauch mit in den Bioabfall wandern. Mehrere Hersteller, zum Beispiel Lavazza und Dualit, haben schon solche biologisch abbaubaren Kapseln entwickelt, und weitere wollen folgen. Schau dich im Internet danach um, oder frag bei deinem Supermarkt nach Marken, die mit deiner Maschine kompatibel sind. Hast du dabei kein Glück, dann versuch, deine Kapseln zu recyceln, indem du welche kaufst, die aus leicht wiederverwendbarem Material bestehen (mit dem Recycling-Logo darauf). Manchmal kannst du sie selbst zurückbringen oder an den Händler zurückschicken. Nespresso lässt sie auf Wunsch sogar bei dir zu Hause abholen.

Teebeutel

Die Kompostierregel gilt auch für Teebeutel. Leider haben viele Hersteller im Zuge des generellen Trends, möglichst überall Kunststoffe einzusetzen, angefangen, die Teebeutel mit Plastik zu versiegeln. Das hat viele von uns unwissentlich zu Umweltverschmutzern gemacht, weil wir sie wie gewohnt mit in den Kompost gaben. Falls deine Teebeutelmarke keine »Plastikfrei«-Kennzeichnung trägt, versuche, im Netz herauszufinden, ob sich der Hersteller dazu verpflichtet hat. Findest du nichts, erkundige dich telefonisch, per E-Mail oder Twitter beim Kundendienst danach. Wenn du wirklich entschlossen bist, Müll zu reduzieren, koch dir deinen Morgentee einfach mit losen Teeblättern – es gibt Teekannen mit eingebautem Teesieb, oder nimm ein Tee-Ei, damit dir die Blätter nicht in die Tasse geraten.

Milch

Obwohl Glasflaschen für Milch nicht mehr so verbreitet sind wie früher, gibt es sie weltweit nach wie vor zu kaufen. Die Glasflaschen werden nach Gebrauch zurückgegeben, gespült und wieder befüllt. Recherchiere ein wenig, um herauszufinden, ob es solche klassischen Milchlieferanten in deiner Gegend noch gibt. Wenn du auf dem Land lebst, erkundige dich nach Bauernhöfen, die dir deine mitgebrachten Flaschen direkt abfüllen.

Kochen und Putzen

Auch unsere Küchengerätschaften können unserem Planeten mitunter ebenfalls schaden. Versuche möglichst immer, gebrauchte Behälter wie alte Schraubgläser oder haltbare Metalldosen zu verwenden. Damit kannst du gleichzeitig auch deinen Plastikverbrauch unterwegs senken – denn wie du im nächsten Kapitel erfährst, ist Essen zum Mitnehmen einer der Hauptschuldigen für den Verpackungswahn. Nimm Behälter mit Deckel, sodass du sie nicht mit Frischhaltefolie verschließen musst, oder verwende ökologische Folien wie Bienenwachstücher.

Ebenfalls gut geeignet zur Anschaffung in Großpackungen sind flüssige Wasch- und Reinigungsmittel. Spülmittel und Waschmittel lassen sich ziemlich leicht in Großpackungen auftreiben, und manche Läden füllen dir auch – genau wie bei deinen Kosmetika – deine mitgebrachten Behälter nach, entweder die Originalverpackung oder eine schönere, in der ursprünglich ein anderes Produkt war. Einer der besten Hersteller in dieser Hinsicht ist Ecover, dessen Produkte auch viele konventionelle Läden führen, darüber hinaus sind sie auch im Netz und in vielen Supermärkten und kleineren Läden zum Nachfüllen erhältlich. Dazu kommt noch, dass die Ecover-Verpackungen hauptsächlich aus recycelten Materialien bestehen, um den Verwendungskreislauf möglichst zu schließen.

Um deine Küche zu schrubben, kannst du ganz einfach dieselben Luffaschwämme verwenden, die du auch im Bad benutzt. Diese Naturschwämme sind kompostierbar und müssen nicht in den Abfall, von wo sie anschließend auf eine Deponie wandern. Als Alternative kann man zum Spülen und Wischen auch waschbare Lappen einsetzen – viel besser als Einwegtücher oder Papierhandtücher, die womöglich nicht recycelt werden. Kauf möglichst Lappen aus Naturfasern wie Wolle und Baumwolle, um die Mikrokunstfasern zu reduzieren, die beim Waschen freigesetzt werden.

Was die Küche angeht, gibt es keine größere Expertin als die Zero-Waste-Köchin Anne Marie. Wenn dir dieses Buch nicht ausführlich genug ist und du unbedingt sämtliche Kunststoffe aus deiner Lebensmittelzubereitung eliminieren willst, dann halte dich an ihr Buch und ihren Blog. Hier gibt es Rezepte mit Zutaten, die so ausgewählt sind, dass man sie ohne Plastikverpackung erhält. Wenn du kein so begeisterter Koch bist und dein Essen lieber fertig zubereitet und zum Mitnehmen kaufst, sprich mit den Verkäufern, ob sie deine Bestellung nicht vielleicht ohne Plastik verpacken oder sie dir sogar in deine mitgebrachten Mehrwegbehälter füllen.

Jetzt, da wir mit deiner Küche durch sind, kannst du dir ja einfach mal aufschreiben, welche Plastikvermeidungsideen dir am besten gefallen, je nachdem, was du dir leisten kannst und was in deiner Gegend möglich ist. Mach ein Bild davon, und teile es im Netz, damit andere deinem Beispiel folgen können!

ARTIKEL	IDEE ZUR PLASTIKVERMEIDUNG
Plastiktüten	
Frisches Obst und Gemüse	
Fleisch und Fisch	
Molkereiprodukte	
Körner und Hülsenfrüchte	
Süßigkeiten und Knabberzeug	
Kaffee	
Tee	
Lebensmittelaufbewahrung	
Spülmittel	

Schwämme und Lappen	
Essen zum Mitnehmen	
Andere Artikel, die du regelmäßig kaufst	

8

PLASTIK UNTERWEGS VERMEIDEN

Der Müll, den wir auf der Straße überall herumliegen sehen, ist der Preis für unseren Lebenstil »to go«. Chipstüten, Pizzakartons, Kaffeeumrührstäbchen und Flaschen, die über den Bürgersteig verstreut sind, erinnern uns an das rasende Tempo in unserem Leben, das uns keine Zeit lässt, innezuhalten und den Moment zu genießen. Denke, während du dieses Kapitel liest, darüber nach, wie du es schaffst, weniger Mahlzeiten zum Mitnehmen zu kaufen.

Wenn du überstürzt aus dem Haus musst und deine plastikfreien Hilfsmittel vergisst, aber vor Hunger oder Koffeinentzug fast umkommst, mach dir keine Vorwürfe. Selbst wenn du eine ganze Woche lang doch Plastikeinwegbehälter verwenden musst, bleiben immer noch 51 Wochen im Jahr, in denen du nicht zum Problem der Wegwerf-Plastikbecher und -bestecke beiträgst. Das ist nicht geringzuschätzen. Wenn dein Alltag darauf ausgerichtet ist, dir jederzeit und überall im Vorübergehen etwas zu essen zu kaufen, kannst du das nicht von einem Tag auf den anderen ändern. Wenn es uns ernst damit ist, von Einwegplastik loskommen zu wollen, müssen wir uns diese Gewohnheiten allmählich abgewöhnen – das geht, wir haben sie historisch gesehen ja noch nicht lange. Für dich persönlich heißt es, dass du das Projekt in einzelnen Schritten angehen kannst, weil es viele schnelle und sehr effektive Möglichkeiten gibt, deinen Plastikverbrauch auch unterwegs zu reduzieren.

Plastikflaschen

Es ist noch gar nicht lange her, da waren Einwegflaschen aus Plastik im Vergleich zu Mehrwegflaschen aus Glas eine seltene Sache. Heute werden Jahr für Jahr etwa 500 Millionen Plastikflaschen verkauft, Tendenz steigend – etwa 20 000 pro Sekunde. Könnte man sie alle in einer geraden Linie hintereinanderlegen, würde diese Strecke etwa 75 Millionen Kilometer lang sein – der halbe Weg zur Sonne. Obwohl die Einführung der Plastikflasche durchaus einige Umweltvorteile brachte – zum Beispiel weniger CO_2-Ausstoß beim Transport, weil sie pro Stück weniger wiegt als eine Glasflasche –, war sie ein unausgereifter Ersatz, weil ja niemand wusste, was mit ihr geschehen sollte, wenn sie einmal benutzt worden war und ausgedient hatte. Dort, wo noch hauptsächlich Glasflaschen eingesetzt werden – in vielen afrikanischen und lateinamerikanischen Ländern sind sie, besonders für Milch und Saft, noch weit verbreitet –, sollten sich die Hersteller und Händler gut überlegen, ob sie nicht lieber bei Glasflaschen bleiben.

Man sollte immer bedenken, dass Einwegplastik Menschen, die zum Beispiel nicht ohne Halm trinken können oder kein sauberes Leitungswasser zur Verfügung haben, das Leben sehr erleichtert. Unsere eigenen Bemühungen, Einwegplastik zu reduzieren und unsere Freunde und Angehörigen ebenfalls dafür zu begeistern, sind sehr lobenswert, aber bevor wir mit dem Finger auf andere zeigen, sollten wir bedenken, dass sie vielleicht Gründe haben, ihr Einwegplastik noch nicht aufzugeben. Jamie Szymkowiak, einer der Gründer der Behindertenrechtsorganisation One in Five, sagt im Folgenden, warum man bei der Abschaffung von Einwegplastik die Belange von Behinderten beachten sollte:

»Angesichts der öffentlichen Diskussion um Umweltverschmutzung durch Plastik-Einwegartikel haben mehrere Unternehmen des öffentlichen Personenverkehrs, Kino-

und Restaurantketten sowie Stadionbetreiber aus gutem Grund Plastikstrohhalme aus dem Angebot genommen. Einige wenige haben die Plastikhalme durch solche aus Papier oder Metall ersetzt, während andere gar keine Strohhalme mehr anbieten. Während jetzt die Politiker ihren Einfluss in der Antiplastik-Diskussion geltend machen, sollten wir immer daran denken, welche Auswirkungen die angestrebten Verbote von Kunststoff-Einwegartikeln eben auch haben können, besonders für Behinderte.

Ein normaler Plastikstrohhalm ist preiswert, flexibel, für heiße und kalte Getränke geeignet und leicht verfügbar. Für manche Behinderte ist er unverzichtbar, um selbstständig leben zu können.

Viele Behinderte brauchen zum Trinken länger, was einen Papierhalm durchweichen lässt und das Erstickungsrisiko erhöht. Die meisten Papier- und Silikonhalme lassen sich nicht biegen, was wiederum für Menschen mit motorischen Behinderungen aber wichtig ist. Halme aus Metall, Glas und Bambus sind unweigerlich gefährlich für Menschen, die nicht richtig kontrollieren können, wie stark sie zubeißen, wie auch für Menschen mit neurologischen Erkrankungen, etwa Parkinsonkranke. Manche Behinderte trinken auch Kaffee oder Suppe durch einen Halm, aber die meisten natürlichen Ersatzstoffe für Plastik, darunter auch der verbreitetste kompostierbare Strohhalm, sind ungeeignet für Flüssigkeiten über 40 °C. Außerdem sind wiederverwendbare Strohhalme an öffentlichen Orten ja nicht unbedingt hygienisch oder leicht zu reinigen – würden Sie durch einen Halm trinken, den schon wer weiß wer im Mund gehabt hat?

Nichtbehinderte wenden oft ein, der Behinderte könne ja seinen eigenen Strohhalm mitbringen. Denken Sie kurz darüber nach. Außer unserem Behindertenausweis, den Medikamenten, der ec-Karte und dem Mobiltelefon sollen wir auch noch überall und jederzeit einen Strohhalm dabeihaben, falls wir Durst bekommen?

Dann sind da die Kosten. Laut Scope müssen Behinderte in Großbritannien durch ihre Behinderung oder Krankheit mit monatlichen Zusatzkosten in Höhe von 570 Pfund rechnen. Ihnen einen weiteren Posten anzuhängen, geht einfach nicht, wenn man die gesellschaftliche Verantwortung, die Welt für alle zugänglicher zu machen, ernst nimmt. Schließlich ist Umweltgerechtigkeit ohne soziale Gerechtigkeit gar keine Gerechtigkeit.

Was können wir tun?

Ich gehöre der Behindertenrechtegruppe *One in Five* an. Wir rufen die Strohhalmhersteller auf, einen umweltfreundlichen biegsamen plastikfreien Strohhalm herzustellen, der für heiße wie kalte Getränke geeignet ist – und dazu brauchen wir auch die Unterstützung Nichtbehinderter. Wenn ein Kunde seinen Bedarf mit dem Hersteller bespricht, wird er kaum vier oder fünf Sorten Strohhalme einkaufen wollen, weshalb wir eine universell einsetzbare Lösung brauchen.

In einer Folge der BBC-1-Serie *The One Show* hat Richard Walker, Geschäftsführer von Iceland Foods, eine transparente, recycelbare Alternative auf Papierbasis zu der Plastikfolie vorgestellt, mit der im Moment viele Fertiggerichte des Herstellers überzogen sind. Sie ist noch in der Entwicklungsphase, zeigt aber, dass die Hersteller auf den Kundenbedarf reagieren und dass ein umweltfreundlicher Strohhalm, der den Bedürfnissen Behinderter genügt und nicht die Ozeane verschmutzt, durchaus machbar ist.

Ich finde es wichtig, darauf hinzuweisen, dass kein Behinderter, mit dem ich darüber gesprochen habe, prinzipiell gegen das Verbot von Einweg-Kunststoffartikeln ist. Viele Behindertenrechtler, die ich kenne, kämpfen auch aktiv für den Tierschutz und die Bewahrung unserer Umwelt für künftige Generationen.

Wenn wir uns daranmachen, die Meere, Strände und Parks von unnötigem Einwegplastik zu befreien, sollten aber die Behinderten nicht großen Konzernen oder Behörden als Vorwand dienen, um sich weiterhin den Aufwand für bessere Lösungen zu ersparen. Vielmehr müssen wir alle zusammenarbeiten, um eine umweltverträgliche Lösung zu verlangen, die eben auch den Bedürfnissen der Behinderten Rechnung trägt.«

Mehrwegflaschen

Unsere Abhängigkeit von Plastikflaschen abzubauen ist entscheidend, wenn wir von der Wegwerfkultur loskommen wollen. Wenn du dir eine gute Wasserflasche für unterwegs beschaffst, die du immer wieder nachfüllen kannst, ist das einer der wichtigsten Schritte zur Plastikvermeidung in deinem Leben. In Kapitel 11 zeige ich dir, wie du dich aktiv für mehr Trinkwasserbrunnen in deiner Gegend einsetzen kannst und wie du die örtlichen Cafés und Restaurants bei der Plastikvermeidung mithelfen lässt, indem du sie bittest, deine Wasserflasche nachzufüllen. Wenn du sonst regelmäßig eine Flasche Wasser für den Tag kaufst, kannst du alleine dadurch, dass du dir jeden Morgen deine Mehrwegflasche am Wasserhahn nachfüllst, deinen Plastikverbrauch schon um 365 Flaschen pro Jahr verringern. Kann sein, dass du in manchen Lokalen von oben herab behandelt wirst, wenn du um Leitungswasser bittest, aber du kannst die Leute ja ganz einfach darauf hinweisen, wie einfach es ist, sie in den sozialen Medien der Mitschuld an der Verschmutzung der Ozeane zu bezichtigen, mitsamt Bild der Plastikflasche abgefüllten Mineralwassers, die sie dich zu kaufen zwingen.

In den USA werden pro Sekunde mehr als 1500 Plastikflaschen benutzt!

Wenn du fürchtest, dass eine Trinkflasche aus Metall womöglich nicht zu deinem Image passt, mach dir keine Sorgen. Die Plastikvermeidungsbewegung wächst, und mit ihr wächst das Angebot an nachfüllbaren Wasserflaschen. Von der praktischen Klean Kanteen bis zur trendigeren S'well oder Chilly's findest du in jedem Campingladen eine große Auswahl, und es war noch nie so einfach, eine passende Trinkflasche zu finden.

Wassersprudler

Angesichts des gegenwärtigen Verbrauchs von über 1500 Plastikflaschen pro Sekunde allein in den USA müssen wir aber dringend noch weitere Möglichkeiten finden, unseren Verbrauch an Wegwerfplastikflaschen einzuschränken. Eine davon ist die Anschaffung eines Sprudelmachers. Es gibt viele Marken zur Auswahl, die praktischerweise alle auf der Website www.sodamakerclub.com aufgelistet finden. Damit kannst du deine Getränke mit Kohlensäure aufpeppen und dir mit Sirup oder natürlichen Geschmacksstoffen Limonaden ganz nach deinem Geschmack zubereiten.

Wenn es unbedingt eine Einwegflasche sein muss

In den Fällen, in denen du weder den Wassersprudler noch eine Nachfülltrinkflasche dabeihast und eine Einwegflasche kaufen musst (passiert uns allen mal), dann entscheide am besten nach folgenden Kriterien:

1. Wähle einen Behälter aus leichter zu recycelnden Materialien, etwa aus Pappe, Blech oder eine Glasflasche.
Das sind zwar keine völlig nachhaltigen Alternativen, weil sie ebenfalls zu dem System gehören, in dem wir mit großem Energieaufwand Verpackungen herstellen, die wir einmal benutzen und dann wegwerfen, aber bei ihnen ist die Wahrscheinlichkeit höher, dass sie tatsächlich recycelt werden.

2. Wähle eine Marke mit möglichst hohem Anteil an recyceltem Plastik.
Indem du Flaschen aus recyceltem Plastik kaufst, reduzierst du den Bedarf an neuem Plastik und stärkst den Markt für Recyclingplastik, sodass weniger Plastik auf der Deponie landet. Hersteller wie der Saftfabrikant »Naked« oder der Wasserabfüller »Resource« sind hier mit 100 Prozent Recyclingplastikanteil in ihren Flaschen führend. Lass dich von dem trüben Material dieser Flaschen nicht abschrecken – dass der Kunde völlig durchsichtigen Kunststoff verlangt, ist eine der Ausreden anderer

Hersteller, nicht auch auf 100 Prozent Recyclingmaterial umzusteigen, obwohl es den meisten Käufern doch ziemlich egal ist, welche Farbe die Flasche hat, in der sie ihr Getränk kaufen. Inzwischen hat sich sogar ein Abfüller namens »Ioniqa« in Zusammenarbeit mit Unilever darangemacht, das Plastikrecycling zu revolutionieren und einen Recyclingkunststoff herzustellen, der von neu hergestelltem nicht zu unterscheiden ist.

3. Wähle einen Hersteller, der 100 Prozent recycelbares Plastik verwendet.

Das ist die letzte Möglichkeit, weil es einfach keinen Grund mehr dafür gibt, warum nicht längst jeder Hersteller seine Flaschen wenigstens aus hundertprozentig recycelbarem Kunststoff herstellt. Die meisten großen Hersteller haben sich verpflichtet, innerhalb der nächsten zehn Jahren auf hundertprozentig recycelbaren Kunststoff umzustellen – angesichts der Massen von Plastikflaschen, die sie Jahr für Jahr herstellen, keine beeindruckende Leistung.

Und schließlich – wenn du eine Plastikflasche kaufst, entsorge sie verantwortungsbewusst. Stopfe sie nicht einfach in den überquellenden Mülleimer am Straßenrand, sondern nimm sie mit nach Hause und gib sie dort in den Hausmüll (hoffentlich in die Recyclingmülltonne). Wenn du das Glück hast, in einem Land mit Pfandflaschensystem zu leben, dann nutze es auch. Diese Pfandsysteme reduzieren die Anzahl der Flaschen, die als Müll in die Umwelt gelangen, beträchtlich.

Kaffeebecher

Ein allgegenwärtiger Anblick im morgendlichen Berufsverkehr sind die Pendler, die ihren Kaffeebecher umklammern und sich vor der Arbeit noch schnell mit Koffein stärken. Die meisten Menschen ahnten bis vor Kurzem nicht, dass diese Becher ein Problem sein könnten, auch ich nicht. Ich verzichtete normalerweise auf den Plastikdeckel, dachte aber, der Becher sei unbedenklich, weil er sich wie Pappe anfühlte. Im Sommer 2016 brachte der Starkoch und Umweltaktivist Hugh Fearnley-Whittingstall dann eine Serie namens *War on Waste* (*Krieg gegen den Müll*) heraus. Er stellte nicht nur den globalen Skandal der Lebensmittelverschwendung in den Fokus, sondern zeigte mit seinem Team auch, wie unsere Abhängigkeit von »Kaffee to go« Berge von Plastikmüll schuf. Diese Kaffeebecher sind außen aus Pappe, innen aber mit einer dünnen Kunststoffschicht imprägniert, was die meisten von ihnen unrecycelbar macht. Von den 2,5 Milliarden Kaffeebechern, die die Briten jährlich verbrauchen, werden nur 0,25 Prozent recycelt; alleine Starbucks gibt jährlich weltweit mehr als 4 Milliarden Kaffeebecher aus und unternimmt in manchen Ländern nur pro forma etwas gegen diese ungeheure Zahl.

Von den 2,5 Milliarden Kaffeebechern, die die Briten jährlich verbrauchen, werden nur 0,25 Prozent recycelt.

Die einfachste, wirkungsvollste und für mich einzig brauchbare Methode, Einwegkaffeebecher zu ersetzen, ist ein wiederverwendbarer eigener Becher (oder auch mehrere, wenn es dir wie mir geht und du immer alles verlierst und lieber auch einen am Arbeitsplatz deponierst). Mehrwegkaffeebecher gibt es in allen Größen, Preisklassen und Farben; sie sind kein Privileg wohlhabender Hippies mehr – praktisch jede Tankstelle und sogar viele Kaffeeläden bieten sie inzwischen zu erschwinglichen Preisen an. Die bekannteste Marke, »KeepCup«, hat inzwischen mehrere Millionen Stück in über 30 Ländern verkauft. Außerdem bieten viele führende Kaffeeladenketten inzwischen einen Rabatt, wenn man seinen eigenen Becher mitbringt und füllen lässt, sodass man den Kaufpreis bald wieder heraushat. Es gibt sogar zusammenklappbare Kaffeebecher, die man in einer winzigen Tasche unterbringt. Frage statt der Plastikrührstäbchen nach einem metallenen Teelöffel, und diese unnötigen Produkte sollten ebenfalls bald der Vergangenheit angehören.

Einwegbesteck

Geh an irgendeinem Badeort den Strand entlang, und du wirst wahrscheinlich überall Gabeln und Löffel aus Plastik halb im Sand begraben sehen, die nur darauf warten, ins Meer hinausgespült zu werden, wo sie dann Hunderte Jahre brauchen, um sich zu zersetzen. Plastik-Einwegbesteck, oft noch in Plastikbeutelchen eingeschweißt, ist ein alltäglicher Bestandteil unseres hektischen Lebens geworden. Um die Verschwendung noch zu verschlimmern, bekommt man zwar meistens Messer, Gabel und Löffel, aber wenn es dir wie mir geht, benutzt du auch nur die Gabel, um den Salat unter der Plastikfolie hervorzukratzen. Dein eigenes Besteck mitzunehmen (sei ehrlich, du brauchst wahrscheinlich nicht alle drei Teile) und den Plastikkram abzulehnen ist schon mal ein guter Weg, um deinen Plastikverbrauch zu reduzieren. Nimm entweder einfach eine Gabel aus der Küchenschublade, oder kauf dir ein kleines Set, wie es als Campingzubehör angeboten wird. Wenn du Essstäbchen aus Plastik verwendest, behalte einfach die letzten, die du bekommen hast,

und verwende sie weiter. Wenn du wirklich sehr we
nig Platz in der Tasche hast, kannst du einen »Spork«
nehmen, einen Löffel mit Gabelzinken, wie er beim
US-Militär im Feldeinsatz ist.

Plastiktüten

Über Plastiktüten bleibt eigentlich nichts mehr zu
sagen, außer dass man sie als einen Trend, der einmal nützlich war, jetzt aber vorbei ist, in die Ge-
schichtsbücher verbannen sollte. Sie sind das bekannteste Symbol für Umweltverschmutzung durch
Plastik weltweit, ob sie nun Kanalisationssysteme
verstopfen oder von Meeresschildkröten gefressen
werden, die sie für Quallen halten. Die Zahl der
noch in Umlauf befindlichen Plastiktüten abzu-
schätzen ist fast unmöglich, aber vermutlich sind sie
der heute weit verbreitetste Kunststoff-Einwegarti-
kel überhaupt. Ein Land nach dem anderen kommt
zur Vernunft und verbietet sie; es kann nicht mehr
lange dauern, bis alle anderen nachziehen. Wo auch
immer du lebst – wahrscheinlich besitzt du bereits
eine Auswahl wiederverwendbarer Einkaufstaschen
für den Gang zum Laden. Wenn du mit dem Auto
einkaufst, dann nimm dir für den Wocheneinkauf
aus dem Supermarkt einfach leere Pappkartons mit,
anstatt ihn in Tüten zu verstauen.

Strohhalme

Seitdem auf YouTube ein Video auftauchte, das zeigte, wie einer Meeresschildkröte langsam und schmerzhaft ein Plastikstrohhalm aus einem Nasenloch extrahiert wird, stehen Plastikhalme am Pranger. Außer in den Fällen, an die uns Jamie zu Anfang des Kapitels erinnert hat (Seite 146), haben sie in einer modernen Gesellschaft nichts verloren. Wetherspoon, eine der größten Pub-Ketten Großbritanniens, hat kürzlich bekannt gegeben, in ihren Lokalen keine Plastikstrohhalme mehr anzubieten und sie durch kompostierbare zu ersetzen. Wie bei allen Einwegbestecken »zum Mitnehmen« ist aber auch hier die beste Wahl, einfach Nein zu sagen. Wenn du an der Bar oder im Restaurant deinen Drink bestellst, sag einfach dazu, dass du keinen Strohhalm möchtest. Wenn du ihn wirklich durch ein dünnes Röhrchen schlürfen willst, such dir aus der reichen Auswahl im Internet eine wiederverwendbare spülmaschinenfeste Alternative.

Über Plastiktüten bleibt eigentlich nichts mehr zu sagen, außer dass man sie als ein Trend, der einmal nützlich war, jetzt aber vorbei ist, in die Geschichtsbücher verbannen sollte.

Fertiggerichte

Von Sandwiches in Plastikschachteln über Salate in Plastikdosen bis hin zu Joghurtbechern und Obstsalat unter Plastikfolie – wenn man sich in der Mittagspause schnell ein paar Sachen zu essen kauft, gehört das oft zu den plastikintensivsten Einkäufen überhaupt. Wenn man hungrig ist und es eilig hat, weil die Pause nicht ewig dauert, hat man anderes im Kopf, als nach plastikfreien Alternativen zu suchen. Eine der besten Strategien zur Plastikvermeidung ist daher, fertig abgepacktes sogenanntes Convenience Food ganz zu vermeiden. Du kaufst ja schon in Großpackungen ein – koch doch einfach auch entsprechend große Mengen, lagere die Gerichte in der Gefriertruhe ein, und packe dir deinen Mittagspausenimbiss einfach selbst ab! Das spart Geld und macht dich weniger abhängig von fertig abgepackten Gerichten und Getränken, die sehr häufig Verpackungsmüll verursachen.

Natürlich stöhnst du jetzt genervt, denn es ist klar, dass man am Abend nach einem langen Arbeitstag, an einem kostbaren Wochenende oder in einer hastigen Mittagspause nicht unbedingt darüber nachgrübeln will, wie man weniger Plastik verbraucht, indem man sein Essen schon im Voraus vorbereitet. Wenn man aber erst einmal eine Routine gefunden hat, geht es wie von selbst.

Wie wäre es jetzt damit, die Plastikvermeidungsstrategien aufzuschreiben, die nach Geschmack, Kostenfaktor und Wohnort am besten zu dir passen? Hier kommt die Liste – mach ein Bild davon und stelle es ins Netz, um ein gutes Beispiel zu geben!

ARTIKEL	IDEE ZUR PLASTIKVERMEIDUNG
Plastik-Einwegflaschen	
Kaffeebecher	
Plastik-Einwegbesteck	
Plasliktüten	
Strohhalme	
Abgepackte Fertiggerichte	
Andere	

9

PLASTIK IM KINDER-ZIMMER VERMEIDEN

Meiner Erfahrung nach fühlen sich Eltern von Säuglingen und Kleinkindern mit am meisten unter Druck gesetzt, wenn sie Plastikabfall vermeiden wollen. Viele meiner Bekannten, die bereits gegen Schlafmangel kämpfen, weil ihr Baby sie nachts ständig weckt, beklagen sich bei mir über den Berg von Plastikmüll, der scheinbar dazugehört, wenn man ein Kind hat. Wenn es einen guten Grund gibt, sich für Einwegartikel in Plastik zu entscheiden, dann ist es ein schreiendes Kind, das es zu beruhigen gilt, also mach dir keine Gedanken, wenn du hin und wieder zur fertig abgepackten Lösung greifst. Wenn du ansonsten wiederverwendbare oder nicht umweltverschmutzende Artikel kaufst, tust du immer noch eine Menge, um deinen Plastikverbrauch zu senken.

Windeln

Allein in den USA werden jährlich ungefähr 27,4 Milliarden Windeln verbraucht. Über 90 Prozent davon landen auf der Deponie, wo es über ein halbes Jahrtausend dauert, bis sie sich zersetzt haben. Einwegwindeln bestehen nicht nur aus Kunststoffen, sondern enthalten auch große Mengen Zellulose, was ihre Herstellung sehr energieaufwendig macht. Die Alternative: wiederverwendbare Stoffwindeln wie die von »Bambino Mio« oder »Wonderoos«. Unseren Großeltern waren sie noch gut vertraut. Inzwischen sind sie übrigens verbessert worden und längst nicht mehr so umständlich zu handhaben wie früher. Die beste Anleitung zum Umgang mit wiederverwendbaren Windeln, die ich kenne, ist der Blogpost auf *Life Without Plastic* zu diesem Thema.[5] Niemand wird behaupten, Einwegwindeln seien nicht bequemer, als ständig Windeln zu waschen, aber es wäre schon eine Verbesserung um 50 Prozent, wenn du nur die Hälfte der Einwegwindeln durch waschbare ersetzt. Falls du aus hygienischen Gründen wirklich auf Einwegwindeln angewiesen bist, kaufe möglichst kompostierbare; es gibt viele Sorten zur Auswahl.

Allein in den USA werden jährlich ungefähr 27,4 Milliarden Windeln verbraucht. Über 90 Prozent davon landen auf der Deponie, wo sie mehr als ein halbes Jahrtausend brauchen, bis sie sich zersetzt haben.

Schnuller

Schnuller findet man auf jeder Mülldeponie. Wenn dein Kind einen braucht, schau dir die Schnuller und Zahnhilfen von Hevea an. Sie bestehen aus Naturkautschuk, und vom selben Hersteller gibt es auch Babyfläschchen und Badespielzeug.

Glitzerschmuck und -dekoration

Wunderschön funkelnder Glitzerlack, die Lieblingsdekoration so vieler Kinder (und so vieler erwachsener Festivalbesucher), besteht aus Tausenden winziger Plastikteilchen, die nur darauf warten, ins Abwasser gespült oder vom Wind davongetragen zu werden. Jetzt höre ich schon den Chor der Genervten, der mich als Spielverderber bezeichnet; wenn ich den Leuten ihre Glitzerdeko wegnehmen will, treibe ich meinen Kreuzzug gegen Plastik offenbar zu weit. Ich mache dir aber keinen Vorwurf, wenn du glitzersüchtig bist, ich habe sogar gute Nachrichten für dich: Es gibt jetzt mehr nachhaltige Alternativen. Sie sind noch nicht perfekt, denn sie sind zwar biologisch abbaubar, enthalten aber immer noch nicht-kompostierbare Bestandteile, die nicht in organische Moleküle zerfallen. Aber immerhin gibt es jetzt plastikfreien Glitzer. Hergestellt wird er zum Beispiel von »Lush«, »Eco«, »Glitter Fun« und »Glitter Revolution«.

Spielzeug

Ob durch Druck von Gleichaltrigen, die rücksichtslosen Werbefeldzüge der Spielzeughersteller oder einfach durch einen harmlosen Besuch im Spielwarenladen – dein Kind wünscht sich auf einmal heiß und innig ein Spielzeug, von dem du genauso gut wie ich weißt, dass es nach einigen Wochen kaputtgeht oder langweilig wird. Mit der Spielzeugmode mitzuziehen ist gar nicht so einfach.

Dauerhaft kaufen

Es werden immer noch wunderschöne handgemachte Spielsachen hergestellt, die über Generationen halten. Wenn du dir das leisten kannst, kauf deinem Kind lieber weniger, aber dafür höherwertige Spielsachen. Das kommt deinem Kind und den Kindern künftiger Generationen zugute.

Gebraucht kaufen

Spielsachen werden schnell in die Ecke gestellt, wenn das Kind größer wird und die Autorennbahn irgendwann einfach uninteressant ist. Was einem anderen Kind langweilig geworden ist, kann aber für deins zu einem neuen aufregenden Erlebnis werden. Schau dich also bei eBay oder in Wohlfahrtsläden nach gebrauchten Spielsachen um, die du dann selbst wieder verschenken oder verkaufen kannst, wenn deine Kinder sich nicht mehr dafür interessieren.

Recyclingkunststoff oder plastikfrei kaufen

Jedes Kind kennt Lego. Der Plastikklötzchenhersteller hat jetzt eine neue Produktserie auf dem Markt, die aus Zuckerrohr hergestellt wird, und setzt sich zum Ziel, bis 2030 nur noch »Bioplastik« zu verwenden. Leider ist Bioplastik, obwohl aus pflanzlichem Material hergestellt, immer noch Plastik und hat dieselben Umweltauswirkungen wie die vertrauten, so gut wie unzerstörbaren normalen Legosteine. Wichtiger unter dem Gesichtspunkt der Vermeidung von Plastikmüll ist die Aufforderung des Herstellers, nicht mehr benötigte Legosteine nicht wegzuwerfen, sondern weiterzugeben. Tatsächlich kenne ich viele Erwachsene, die heute noch ihre Legosammlung aus der Kindheit besitzen, und das sagt eine Menge darüber aus, was für eine Investition Lego sein kann. Ich hoffe, dass Lego in näherer Zukunft eine Rückgabemöglichkeit für seine Bausteine einführt, um damit den Recyclingkreislauf für einen Artikel zu schließen, der Plastik ist und bleibt. Für etwas ältere Kinder empfehle ich übrigens das aus recyceltem Ozeanplastik hergestellte Skateboard von »Bureo«.

Kindergeburtstage

Ein schwieriger Punkt bei der Plastikvermeidung ist, so hört man viele Eltern klagen, der Kindergeburtstag. Der an den Tagen vor dem großen Ereignis

ständig steigende Druck, Überraschungstüten, Sü
ßigkeiten und einen bis zur Decke gefüllten Raum
mit Wegwerfdekoration bereitzustellen, kann uner-
träglich werden. Versuche nicht, um jeden Preis mitzuhalten, und lass dir nicht einreden, du würdest
womöglich den Erwartungen anderer Kinder und
Eltern nicht gerecht werden.

Bastle deine eigenen plastikfreien Alternativen

Wenn du Zeit dafür hast, schau dich auf Webseiten
wie Pinterest um, wo du haufenweise Tipps findest,
wie man einen plastikfreien Kindergeburtstag feiert
(oder eine andere plastikfreie Party – auf Pinterest
spielen Hochzeiten eine große Rolle). Eine andere
Website namens *Instructables* bietet unzählige Ideen
zum Selbermachen schöner plastikfreier Deko. Hier
sind fünf Vorschläge für plastikfreies Partyzubehör:

- Girlanden aus Gebrauchtstoff
- Pom-Poms aus einem Wollknäuel und einer
  Pappscheibe
- ein »Herzlichen-Glückwunsch«-Banner aus
  wiederverwendbarem Stoff (große Auswahl
  auf Etsy)
- Plätzchen oder Cupcakes als Leckerbissen zum
  Mit-nach-Hause-Nehmen
- Freiwillige für den Abwaschdienst suchen, um
  kein Einweggeschirr und -besteck verwenden zu
  müssen.

Plastikamnestie

Wenn du dich mit den Eltern der Freunde deines Kindes gut verstehst, kannst du ja vorschlagen, eine Plastikamnestie zu veranstalten. Das ist eine Vereinbarung am Beginn des Schuljahrs, im betreffenden Jahr die Partys nachhaltiger zu feiern. Ihr könntet euch sogar zusammentun, eine komplette Partyausstattung kaufen und sie reihum verwenden – schließlich wollen die meisten Kinder eine Geburtstagsfeier, die so toll ist wie die, auf der sie zuletzt waren.

Weniger einpacken, nachhaltig einpacken

Ein großer Teil des Geschenkpapiers, das wir verwenden, ist plastikbeschichtet und kann nicht recycelt werden. Achte darauf, unlaminiertes Geschenkpapier zu kaufen – es glänzt zwar nicht, wird aber in vielen schönen Mustern angeboten. Oder lass es einfach sein und verpacke deine Geschenke gar nicht mehr – in einer Umfrage haben kürzlich 50 Prozent der Befragten angegeben, ein unverpacktes Geschenk sei ihnen lieber als eines in plastikbeschichtetem Papier.

Es gibt ungeheuer viele Möglichkeiten, den Plastikverbrauch im Leben deines Kindes zu reduzieren, und ich empfehle dir, dich dazu auf Blogs wie *Life Without Plastic*, *My Plastic-Free Life* oder *Zero Waste Living* nach Tipps umzuschauen.

Von Skateboards aus Ozeanplastikmüll bis zur Wiederbelebung deiner alten Spielzeugeisenbahn, die auf dem Dachboden steht – jeder Haushalt ist anders, und du findest sicher selbst das Richtige, deiner Familie bei der Plastikvermeidung zu helfen.

Jetzt haben wir also auch das Kinderzimmer durch. Und du kannst auch hierfür eine Liste anlegen, welche Möglichkeiten zur Plastikvermeidung dir gefallen, welche du dir leisten kannst und welche in deiner Gegend möglich sind. Die Vorlage steht auf der nächsten Seite. Fülle sie aus, mach ein Bild davon und stelle es ins Netz, um andere zum Mitmachen aufzufordern!

Greenpeace Deutschland empfiehlt außerdem:

- www.wastelandrebel.com
- www.zerowastelifestyle.de
- www.utopia.de

ARTIKEL	IDEE ZUR PLASTIKVERMEIDUNG
Windeln	
Glitzer	
Spielzeug	
Partydeko und Überraschungstüten	
Geschenkpapier	
Andere	

10

PLASTIK AM ARBEITSPLATZ VERMEIDEN

Ein Bereich unseres Lebens, in dem wir viel verändern können, ist der Arbeitsplatz. Ob durch unsere Autorität in einer leitenden Stellung oder durch informellen Einfluss, weil du deine Kollegen ja täglich siehst und sie deinen leidenschaftlichen Kampf gegen die Plastikflut nicht ignorieren können – Agitation am Arbeitsplatz kann sehr wirkungsvoll sein, anderen klarzumachen, wie wichtig Plastikvermeidung ist. Das folgende Kapitel stellt drei Möglichkeiten vor, wie du am Arbeitsplatz gegen den Plastikwahn vorgehen kannst.

Das Verhalten ändern

Wenn du bis hierher gelesen und auch nur einen Bruchteil der Vorschläge umgesetzt hast, dann ist deinen Kollegen vielleicht schon aufgefallen, dass du versuchst, Plastik zu vermeiden, und sie haben dich womöglich sogar danach gefragt. Es genügt vielleicht schon, deinen interessierten Kollegen ein paar Fakten zu nennen und ihnen vielleicht einen Artikel zum Thema (oder dieses Buch) zu geben, um sie zu überzeugen, ebenfalls Plastik zu vermeiden. Wahrscheinlicher ist dafür allerdings ein bisschen Aktivismus von dir gefordert. Jeder Arbeitsplatz, selbst ein virtueller, hat irgendwo einen informellen Treffpunkt – ein Schwarzes Brett, die Kantine, die Kaffeeküche –, wo man sich in der Pause trifft. Dort kannst du zum Beispiel Schilder aufhängen (oder eine E-Mail an alle schreiben) mit Vorschlägen zur Plastikvermeidung am Arbeitsplatz. Fang am besten mit den Top Five an: Plastiktüten, Einwegplastikflaschen, Kaffeebecher, Strohhalme und Einwegbesteck. Versuche die Kollegen zu überzeugen, diese Dinge nicht mehr zu verwenden. Die Statistiken aus diesem Buch oder ein einfacher Hinweis auf die ungeheuren Massen an Plastikmüll, die dadurch anfallen, können dabei als Aufhänger dienen, um Aufmerksamkeit für das Thema zu gewinnen; anschließend nennst du ihnen ein paar umweltfreundliche Alternativen.

Wenn du bei deinen Kollegen eine echte Verhaltensänderung bewirken willst, kommt es entscheidend darauf an, den richtigen Ton zu treffen. Niemand reagiert positiv auf Besserwisserei oder Vorwürfe. Wenn du also Schilder aufhängst oder mit jemandem über das Problem sprichst, drück dich sachlich und positiv aus. Anstatt des Hinweises »Einwegbecher unerwünscht«, was nur zu Ablehnung bis hin zu Trotzreaktionen führt, schreib lieber »Arbeiten wir gemeinsam für ein plastikfreies Büro«, und versieh es mit Icons der Gegenstände, die deine Kollegen möglichst aufgeben sollen. Anstatt mit belehrenden oder herablassenden Worten wie »Das können wir doch besser« oder »Sag nein zu Plastikhalmen« solltest du den Dialog mit deinen Kollegen suchen, anstatt sie zu provozieren. Frag sie zum Beispiel: »Willst du auch von Plastik loskommen?« oder »Interessiert dich, wie man plastikfrei lebt?«, oder bring sie zum Lachen. So kannst du ihr Interesse wecken und ihnen dann erzählen, was sie alles tun können, um Teil der Bewegung zu werden. Lösungsorientiertes Verhalten sorgt für eine positive Einstellung und gibt den Angesprochenen das Gefühl, dass es auch auf sie wirklich ankommt.

Biete plastikfreie Artikel an

Wenn du in einer großen Firma arbeitest, erkundige dich, ob du vielleicht wiederverwendbare Produkte von Geschäftspartnern umsonst oder zum Großhandelspreis bekommen kannst, wenn du eine Sammelbestellung für alle deine Kollegen aufgibst. Als Sky im Rahmen seiner Kampagne »Ocean Rescue« die Selbstverpflichtung einging, bis 2020 den plastikfreien Arbeitsplatz erreicht zu haben, erhielt jeder Mitarbeiter symbolisch zum Beginn der Initiative eine wiederverwendbare Trinkflasche. Wäre das für deinen Arbeitgeber vielleicht auch eine Möglichkeit? Sprich mit deinem Chef darüber. Wahrscheinlich steht er auf deiner Seite, denn Chefs hassen nichts so sehr wie Unordnung, und Plastikabfall, der überall herumliegt, dürfte ihnen ein Dorn im Auge sein. Vielleicht schließt sich dein Chef ja deinen Bemühungen an, die Mitarbeiter dazu zu bringen, diese leicht ersetzbaren Plastik-Einwegartikel auszutauschen.

Organisiere einen Vortrag in der Mittagspause

Eine gute Methode, um Interessenten zu gewinnen, wäre vielleicht, wenn du einen Aktivisten oder Experten der Plastikbekämpfung zu einem Vortrag in der Mittagspause in deine Firma einlädst. Suche im Internet nach einer örtlichen Aktivistengruppe für Plastikvermeidung, etwa einer Ortsgruppe von Greenpeace oder *Friends of the Earth* –, bestimmt kommt gerne jemand von ihnen vorbei und erklärt der Belegschaft, warum Plastikvermeidung so wichtig ist. Bevor ich die Plastikbekämpfung bei Greenpeace ins Leben rief, lud ich einen Freund, der sich mit Recyclingwirtschaft und Müllvermeidung befasst hatte, zu einem Vortrag über Umweltverschmutzung durch Kunststoffabfälle ein – der Andrang war phänomenal, Kollegen aus dem ganzen Haus kamen, um mehr über das Problem zu erfahren und sich erklären zu lassen, was sie dagegen tun konnten.

Plastikvermeidungswettbewerb

Wenn es in deiner Firma viele Teams gibt, kannst du aus dem Ziel, Plastik zu vermeiden, vielleicht einen freundlichen Wettbewerb machen. An einem Tag pro Woche oder in einem Monat pro Jahr könntest du einen Wettbewerb veranstalten, bei dem das Team gewinnt, das am wenigsten Plastikmüll produziert. Festgestellt wird der Sieger, indem du am Ende des Zeitraums die Müllsäcke wiegst. Wenn sich die Kollegen sehr dafür interessieren, organisiere doch ein plastikfreies Mittagessen, bei dem alle ihre eigenen Gerichte mitbringen und miteinander teilen. Das ist nicht nur eine gute Gelegenheit, einander besser kennenzulernen, sondern auch für ein Brainstorming über Plastikvermeidung in deiner Firma.

Die Beschaffungsrichtlinien deiner Firma

Schau dich in deinem Büro um, und achte auf sämtliche Einwegplastikartikel, die dort verwendet werden. Wenn es eine Kantine gibt, verwendet sie Plastikbesteck? Gibt es am Wasserspender nur Plastikbecher? Wo immer du Einwegplastik siehst, schreibe es auf. Vielleicht kannst du deinen Rundgang sogar zusammen mit einem Vorgesetzten oder ein paar Kollegen machen. Erkundige dich, warum Plastik eingesetzt wird – geht es um Bequemlichkeit, oder haben sie einfach nicht nachgedacht? Sprich mit den Entscheidungsträgern, und bitte sie, nach Alternativen zu suchen. Wenn sie nicht wollen, recherchiere selbst, oder suche mit Hilfe dieses Buchs nach plastikfreien Optionen, die du ihnen vorlegen kannst.

Wenn sich die Entscheider wirklich querstellen oder dich ignorieren, fahre stärkere Geschütze auf. Initiiere eine Petition und bitte deine Kollegen zu unterschreiben – die Unterschriften kannst du zum Beispiel bei eurem plastikfreien Mittagessen einwerben. Wenn du den Entscheidungsträgern nicht nur eine Lösung zeigen kannst, sondern auch, dass die Mitarbeiter sie unterstützen, dann ist die Chance nicht schlecht, dass sie dir zuhören und auf dich eingehen. Es ist dir vielleicht zunächst unangenehm und peinlich, öffentlich zu protestieren. Du kannst einen Gewerkschaftler fragen, wie man so etwas macht. Viele Gewerkschaften haben inzwischen Umweltbeauftragte, die Kampagnen wie deine gerne unterstützen, und dazu auch die nötige Erfahrung im Kampf für bessere Arbeitsbedingungen.

Wenn in deinem Betrieb umgebaut oder saniert wird, sprich mit den Zuständigen darüber, ob und wie sie den Umweltschutz dabei berücksichtigen. Haben sie sich zum Beispiel über Produkte wie die neuen Airo-Teppichböden von »Mohawk« informiert, die vollständig recyclingfähig sind (nicht viele machen sich klar, dass die meisten Büroteppichböden aus nicht-recyclingfähigem Plastik bestehen und bei jeder Renovierung ungeheure Mengen Plastikmüll verursachen). Eine weitere tolle Initiative entstand aus der Partnerschaft zwischen *Interface*, dem weltweit größten Teppichfliesenhersteller, und der *Zoological Society of London*, einer der führenden britischen Umweltschutzorganisationen. Zusammen gründeten sie *Net-Works*, eine Initiative, die in Kooperation mit Mikrokreditbanken auf den Philippinen und in Kamerun gebrauchte Fischernetze einsammeln lässt, um sie zu Teppichfliesen zu verarbeiten. Bei einer kürzlichen Renovierung des Greenpeace-Büros ließ unser Werkmeister Schalldämmungspaneele installieren, wie es sie in vielen Büros gibt. Unsere, hergestellt von der deutschen Firma EchoJazz, bestehen vollständig aus recyceltem Plastik. Wenn man Zeit hat, nach neuen nachhaltigen Materialien zu suchen, und die Befugnis, sie einbauen zu lassen, ergeben sich unzählige und erstaunliche Möglichkeiten für Umbauprojekte. Man könnte ein ganzes Buch darüber schreiben.

Rufe es von den Dächern

Und wenn deine Firma dann anfängt, sich in die richtige Richtung zu bewegen, überlege dir, wie du sie zum Vorreiter der Plastikvermeidung machen könntest. Die Ankündigung von Sky, völlig auf Kunststoff zu verzichten, was auch die BBC später übernahm, war ein enormer Schritt voran, um die Aufmerksamkeit von Bossen im ganzen Land darauf zu lenken, auch in ihren eigenen Betrieben die Plastikbelastung zu reduzieren. Wenn deine Firma zu solchen Anstrengungen bereit ist, dann hilf ihr unbedingt, indem du öffentlich erklärst, warum sie es tut, damit andere Firmen mitziehen. Sie sollte es auch in ihren Auftritten in den sozialen Medien verbreiten und ihre Kunden mit Plakaten darauf aufmerksam machen. Wenn du für ein großes Unternehmen arbeitest, sprich mit den Kollegen von der PR-Abteilung darüber, wie sie das Beste aus der guten Nachricht herausholen. Niemand gerät gern ins Hintertreffen, und das gilt auch im Geschäftsleben – wo ein Unternehmen den Weg bereitet, wollen die anderen nicht zurückstehen.

11

PLASTIK IN DEINER COMMUNITY VERMEIDEN

Es ist lange her, dass die politischen Entscheidungsträger sich auf ihren Lorbeeren ausruhen konnten – abgeschottet von den alltäglichen Erfahrungen der Menschen, über die sie Kontrolle ausübten. Die moderne Kommunikationstechnik gibt jedem Einzelnen die Möglichkeit, sich einer globalen Bewegung anzuschließen; jeder kann den Mächtigen die Wahrheit ins Gesicht sagen und dafür sorgen, dass sie zuhören. Das folgende Kapitel zeigt dir, wie du es anstellst, diese weitreichende gesellschaftliche Veränderung zu nutzen. Es war für uns noch nie so leicht, uns auf örtlicher, nationaler und internationaler Ebene zu organisieren – und gemeinsame Anstrengungen werden wir brauchen, um diejenigen, auf die es ankommt, aufmerksam zu machen und zum Zuhören zu bringen. Denke immer daran, wenn ich dir die verschiedenen Methoden vorstelle, in deiner Umgebung etwas zu bewirken, dass dein wichtigstes Kapital deine eigene Erfahrung ist. Sachfragen beantworten oder statistische Daten zur Untermauerung deiner Argumente anführen kannst du zum Beispiel mit Hilfe dieses Buchs oder durch Recherchen im Internet, aber die wirkungsvollste Methode, um jemanden zu überzeugen, ist immer noch, ihm eine Geschichte zu erzählen, die du selbst erlebt hast. Nichts übertrifft die authentische Stimme von jemandem, der die bösen Folgen des Problems, das es anzugehen gilt, schon kennengelernt hat.

Der Anfang

Wenn du nicht weißt, wie du anfangen sollst, und dir das Vorhaben viel zu schwierig vorkommt, such dir am besten ein paar Gleichgesinnte. Nimm Kontakt zu einer örtlichen Gruppe von Plastikmüllaktivisten auf – vielleicht treffen sie sich regelmäßig irgendwo oder bieten in deiner Nähe eine Veranstaltung an. Vielleicht gibt es eine Bürgerinitiative betroffener Anwohner oder eine Ortsgruppe einer größeren Organisation wie Greenpeace bei euch. Schau dir das Schwarze Brett im Café an, schau in der Lokalzeitung nach oder auch im Internet. Angesichts der Dringlichkeit des Problems der Umweltverschmutzung durch Plastik gibt es bestimmt auch in deiner Nähe jemanden, der etwas dagegen unternimmt. Wenn du das Glück hast, sogar zwischen mehreren Gruppen wählen zu können, schau dir ihre jeweiligen Zielsetzungen an, und schließe dich dann der Gruppe an, die darauf aus ist, den Gesamtverbrauch an Plastik zu reduzieren – zum Beispiel durch Verbote für bestimmte Produkte –, und nicht der Gruppe, der es nur um das Aufsammeln von Müll geht.

Andererseits ist Plastikmüll aber eine großartige Möglichkeit, um für die Plastikvermeidung zu werben, weil sich jeder über den vielen Plastikmüll ärgert. Es kann sehr wirkungsvoll sein, wenn du den Menschen anhand des Plastikmülls die schädlichen Auswirkungen der allgegenwärtigen Kunststoffe zeigst. Wenn du die Möglichkeit – und die Ausdauer – hast, nimm an einer Aufräumaktion teil oder organisiere selbst eine. Inzwischen ist klar, dass man das Problem des Plastikmülls nur lösen kann, indem man den Einsatz von Kunststoffen insgesamt reduziert, aber es ist wichtig, dass wir auch etwas tun, um die verschandelte Natur wieder zu säubern. Solche Aufräumaktionen helfen nicht nur deiner nächsten Umgebung, deinem Arbeitsplatz oder deinem Ferienort, wieder annehmbar zu werden, sondern sind eine gute Methode, um den Leuten in deiner Gegend die Augen zu öffnen, was Plastik alles anrichtet, und um sie dazu zu bringen, selbst etwas dagegen zu unternehmen.

Denke immer daran, dass dein wichtigstes Kapital deine eigene Erfahrung ist.

Die Marine Conservation Society (MCS) organisiert Strandsäuberungsaktionen entlang der gesamten britischen Küste und ermuntert die Einheimischen, so gemeinsam die Liebe zu ihrer Heimat zu zeigen. Im Rahmen des Beachwatch-Programms dieser gemeinnützigen Organisation sammeln Freiwillige nicht nur den Plastikmüll ein, sondern auch Daten, um ein Gesamtbild zu gewinnen, welche Arten Plastikmüll am häufigsten bei uns angeschwemmt werden. Beachwatch hat als Organisationshilfe für sichere und erfolgreiche Aufräumaktionen den folgenden Leitfaden zusammengestellt, den du zum Beispiel auch für den Park in deiner Nähe anwenden kannst, wenn es bei dir keinen Strand gibt. Wenn du noch Fragen hast, herausfinden willst, ob es in deiner Gegend schon Aktionen gibt, oder einfach weitere Informationen brauchst, geh auf die Beachwatch-Website (www.mcsuk.org/beachwatch).

ANLEITUNG
ZUM STRANDSÄUBERN

So planst du eine Aktion
zum Einsammeln und Katalogisieren
angestauten Mülls

Um eine Aufräum- und Erfassungsaktion durchzuführen, musst du einige wichtige Punkte berücksichtigen.

Im Vorfeld

1. Suche dir einen Strand oder öffentlichen Park, und schaue im Internet nach, ob es dort schon Aufräumaktionen gibt.

2. Wenn es ein Strand ist, beachte die Tide – am besten setzt du die Aktion etwa vier Stunden nach der Flut an, und bitte nicht bei auflaufendem Wasser. Richte dich nach Ebbe und Flut, wenn du Datum und Uhrzeit der Aktion festlegst. Die Tiden kannst du zum Beispiel auf der Website *Tides for Fishing* nachschauen, oder frage einfach die zuständigen Behörden vor Ort.

3. Hole dir beim Eigentümer des Strandes oder Parks (oft ist es die jeweilige Gemeinde; die Gemeindeverwaltung kann dir auf jeden Fall sagen, wer es ist) die Genehmigung, um zu säubern und auf seinem Grund und Boden eine Katalogisierungsaktion durchzuführen.

4. Wenn du sowieso schon dort anrufst, frage auch gleich, wer den Strand normalerweise säubert, und sprich mit den Zuständigen wegen der Entsorgung des Mülls, den ihr einsammelt. Du kannst dort auch nach Spezialausrüstung zum Müllsammeln fragen.

5. Schau nach, ob der Strand Gefahren birgt. Auf der MCS-Website gibt es viele Tipps, wie man das beurteilt. Du kannst auch die zuständige Behörde oder den Grundeigentümer fragen, ob man etwas Bestimmtes beachten muss. Geh den Strand direkt vor der Aktion noch einmal ab, um sicherzugehen.

6. Jetzt kannst du die Werbetrommel rühren! Drucke Plakate. Du kannst sogar Pressemitteilungen herausgeben und sie an die Lokalzeitungen schicken (auf Seite xxx erfährst du, wie man eine Pressemitteilung schreibt). Rat und Hilfe gibt es auf der MCS-Website.

7. Vielleicht möchtest du ein Anmeldeformular erstellen, entweder eins von Google oder auf der Website von Beachwatch. Verschicke es ungefähr eine Woche vor dem Termin, und erinnere die Teilnehmer daran, was sie mitbringen sollen (passende Kleidung und Schuhe, Wasser, Lebensmittel, Sonnenmilch, Schutzhandschuhe) und wo ihr euch trefft.

Damit bist du bereit für den großen Tag!

Am Aktionstag

Du hast alle Punkte beherzigt und bist jetzt bereit für die Tagesaktion, aber was sollst du am Termin selbst tun und mitbringen? Keine Sorge, die folgende Checkliste enthält alles Nötige.

Mitbringen:

- [ ] Deine Risikobeurteilung für den Strand.
- [ ] Stifte und Papier, damit die Teilnehmer aufschreiben können, was sie alles einsammeln.
- [ ] Müllsäcke!
- [ ] Sämtliche Strandreinigungsausrüstung, die du bekommen kannst (vielleicht kannst du welche von der Gemeinde oder vom Grundbesitzer borgen). Ein Paar gute Gartenhandschuhe genügen, aber du kannst auch Greifzangen und Müllsackringe mitbringen (um die Müllsäcke bei Wind offen zu halten).
- [ ] Klemmbretter für die Listen, um den Müll zu katalogisieren.
- [ ] Waagen, um die Müllsäcke nach Ende der Aktion zu wiegen.
- [ ] Wenn möglich, einen Erste-Hilfe-Kasten, einen stichfesten Behälter für Spritzen und Nadeln und einen Eimer für Glasscherben und nichtmedizinische spitze Gegenstände.
- [ ] Listenvordrucke (in Großbritannien auf der MCS-Website erhältlich; auch wenn du aus einem anderen Land kommst, kannst du diese als Vorlage benutzen).

☐ Für Teilnehmer unter 16 die Einverständniserklärung der Eltern.

Sei rechtzeitig am Strand, um vorher noch nach Risikopunkten schauen zu können, eine 100-Meter-Katalogisierungszone abzustecken und auch die frühesten Teilnehmer schon empfangen zu können. Wenn alle da sind, halte eine Vorbesprechung ab.

Wie man eine Vorbesprechung abhält

Es ist wirklich wichtig, die Freiwilligen einzuweisen, bevor sie sich ans Einsammeln machen. Sie müssen wissen, was sie tun sollen, warum und wie – und sie müssen die Risiken kennen und sicher arbeiten können. Hier ein paar wichtige Punkte:

- Stelle dich vor.
- Gib ihnen Hintergrundinfos: Sprich über das Problem der Meeresverschmutzung durch Müll und erkläre, warum es wichtig ist, den eingesammelten Müll zu katalogisieren. Geh auf die örtlichen Gegebenheiten ein – was du an dem Strand schon alles gefunden hast, welche speziellen Probleme oder Fakten hier bestehen, ob es andere Müllsammelkampagnen in der Nähe gibt.
- Geh die wichtigen Gesundheits- und Sicherheitshinweise durch und warne vor spezifischen Risiken an diesem Strand.
- Erkläre die Listenvordrucke und wie man sie ausfüllt.

- Du kannst einen Wettbewerb veranstalten, wer die meisten Einzelstücke einsammelt (Anzahl, nicht Gewicht). Das bringt die Teilnehmer dazu, sorgfältig alles einzusammeln, was sie finden, und auch schon selbst die Listenpositionen zusammenzuzählen, was dir am Ende Zeit spart!
- Bitte die Teilnehmer um Genehmigung, die Strandaufräumaktion mit Fotos im Netz zu dokumentieren.
- Sage ihnen, um wie viel Uhr sie sich wieder am Treffpunkt einfinden sollen.

Während der Aktion

- Steh immer zur Verfügung, um den Teilnehmern bei der Identifikation des Gefundenen und dem richtigen Eintragen auf den Listen zu helfen.
- Wenn du Kästen für scharfe Gegenstände, Eimer für Glasscherben oder einen Erste-Hilfe-Kasten dabeihast, achte darauf, ob jemand Hilfe braucht.
- Fotografiere die Aktion, die Fundstücke und die Teilnehmer, die ihre Genehmigung gegeben haben. Lass die Internet-Community an eurer Aktion teilhaben, indem du die Bilder in den sozialen Netzwerken postest.

Nach der Aktion

- Wiege und zähle die Müllbeutel und stelle fest, wie viele Teilnehmer gekommen sind.
- Frage nach ungewöhnlichen Funden.

- Stelle fest, woraus der eingesammelte Müll hauptsächlich besteht (vermutlich Kunststoffartikel).
- Bedanke dich für die Unterstützung.

Bevor du den Strand verlässt, sorge dafür, dass der gesammelte Müll am mit den regulären Entsorgern vereinbarten Abholpunkt steht, und fülle die Titelseite deiner Katalogisierungslisten aus: Anzahl der Müllsäcke, Anzahl der Teilnehmer, Wetterbedingungen und so weiter. Sende deine Listen an die MCS oder deine örtliche Organisation.

Wieder zu Hause

Mach dir einen Tee und sprich dir in unserem Namen ein dickes Lob aus – du hast heute etwas Wichtiges und Gutes geleistet, und dafür sind wir dankbar. Schon bald, nach ein paar Aktionen, werden sich einige Teilnehmer regelmäßig einfinden. Du kannst sie einsetzen, um neue Freiwillige einzuweisen, weil sie sich schon auskennen. Mit der Zeit werden sich einige auch daranmachen, den Strand an ihrem Wohnort aufzuräumen. Deine Aktion zieht immer weitere Kreise und wirkt sich zum Vorteil einer ganzen Küstenregion aus. Achte darauf, immer Bilder und Berichte der Aktionen ins Netz zu stellen, und fordere auch die Teilnehmer dazu auf, wenn du ihnen am Schluss dankst.

#BreakFreeFromPlastic

Mir ist noch nie jemand begegnet, der so eifrig und begeistert Strände gesäubert hat wie Catherine, die für die schottische *Marine Conservation Society* arbeitet. Hier sind einige ihrer Antworten zum Thema »Umweltverschmutzung durch Plastik«.

Wer bist du und was machst du?
Catherine Gemmell, Scotland Conservation Officer der *Marine Conservation Society*.

Warum liegt dir das Plastikproblem so sehr am Herzen?
Durch meine Tätigkeit für die *Marine Conservation Society* habe ich die Ehre, Tausende fantastischer Freiwilliger in ganz Schottland zu unterstützen, die im Rahmen unseres Projekts »Beachwatch« gegen den Plastikmüll an ihren Stränden angehen. Aus ihren Katalogisierungsaktionen wissen wir, dass Plastik ganz oben auf den Listen steht, und die Leidenschaft und Begeisterung dieser Freiwilligen, das Problem zu bekämpfen, inspiriert mich tagtäglich, es ihnen gleichzutun.

Was ist das schlimmste Beispiel für Plastikverschmutzung, das du je gesehen hast?
An schottisohen Stränden habe ich von Flaschen über Feuchttoilettenpapier und Mikroplastik bis hin zu Ballons schon alles gesehen. Weil ein einziges Plastikteil bereits genügt, um das Leben eines wunderbaren Geschöpfs wie zum Beispiel einer Lederschildkröte zu beenden, ist jeder

einzelne Fall herzzerreißend. Manche Strände sind regelrecht elastisch, weil sie aus Lagen von Tauen und Netzen bestehen, manche sind von Plastikpellets bedeckt, und bei anderen besteht die Hochwasserlinie aus Feuchttoilettenpapier anstatt Seetang.

Was ist deine beste Lösung im Kampf gegen Plastikmüll?

Es gibt keine einfache Lösung, um den Plastikmüll in unseren Meeren zu reduzieren; dazu brauchen wir jetzt und auch in Zukunft die gemeinsame Anstrengung aller – Öffentlichkeit, Wirtschaft und Behörden müssen zusammenarbeiten. Ein fantastisches Beispiel dafür ist die 5-Pence-Abgabe auf Plastiktragetaschen. Dank der gemeinsamen Bemühungen verschiedener Organisationen, der Unterstützung der Öffentlichkeit und der Daten, die unter anderem auch unsere Freiwilligen bei den Beachwatch-Aktionen gesammelt haben, gibt es jetzt eine Abgabe von 5 Pence pro Tragetasche in Großbritannien. Innerhalb eines Jahres ist das Aufkommen von Plastiktüten an den Stränden um 40 Prozent zurückgegangen. Das zeigt, was Datensammeln und Zusammenarbeit bewirken können.

Welche Veränderungen hast du in deinem Leben vorgenommen, um weniger Plastik zu verbrauchen?

Durch den Plastic Challenge, an dem ich jedes Jahr teilnehme, verwende ich inzwischen Zahnbürsten aus Bambus statt aus Plastik, Haarseife statt Flüssigshampoo und feste Deodorantseife statt Deoroller aus Plastik. Außerdem

habe ich immer meine MCS KeepCup dabei, eine Wasserflasche aus rostfreiem Stahl, diverse Mehrwegtrage-
taschen und – mein neues Lieblingsstück – ein zusam-
menklappbares Edelstahlbesteck! Unglaublich stolz bin
ich darauf, dass auch meine Angehörigen und Freunde die
Herausforderung annehmen, und manchmal muss ich mich
schon anstrengen, um mit ihren Erfolgen mitzuhalten.

Was ärgert dich am meisten, was Plastik angeht?
Versteckte Plastikverpackungen finde ich ungeheuer ärgerlich und frustrierend. Wenn man sein Bestes tut, um Einwegplastik zu vermeiden, und dann feststellt, dass die
Ware, die man gekauft hat, im Pappkarton noch mal in
Plastik verpackt ist, oder dass ein Buch, das man bestellt,
in Folie eingeschweißt ankommt, kann das sehr enttäuschend sein. Es zeigt aber auch, wie wichtig es für uns Aktivisten ist, die Unterstützung von Herstellern und Handel
zu gewinnen, damit sie unnötiges Plastik weglassen, wo
immer es geht.

**Hast du irgendwelche Top-Tipps, um Plastik zu
vermeiden?**
Recherchiere selbst und suche dir plastikfreie Freunde! Die
sozialen Netzwerke sind für mich persönlich eine fhantas-
tische Informationsquelle auf meinem Weg in die Plastikvermeidung gewesen. In Blogs kann man sich gute Tipps
zu plastikfreien Alternativen holen, die leicht umzusetzen
sind. Die plastikfreie Gemeinde im Netz wächst schnell,
und ich rufe alle Interessierten auf, sich ihr anzuschließen,

weil es viel leichter ist, sich der Herausforderung zu stellen, wenn man in Gesellschaft erfahrener Mitstreiter ist.

Was ist deiner Meinung nach die größte Herausforderung bei der Entsorgung von Plastik?

Die besteht wohl darin, bei jeder Verpackung und jedem Produkt immer darauf zu achten, dass nichts verschwendet oder weggeworfen wird. Dazu muss die Plastikindustrie sich auf große und mutige Veränderungen einlassen, aber ich glaube, dass sie dieser Herausforderung gewachsen ist, und jetzt ist die Zeit gekommen, sie anzunehmen.

Was ist für dich die größte Veränderung zum Besseren im Kampf gegen Plastikmüll?

Als ich bei der MCS angefangen habe, sagten meine Angehörigen und Freunde, wenn sie nach meinem Job gefragt wurden, immer: »Sie hat irgendwas mit Fischen zu tun.« Heute dagegen höre ich ständig von »Meeresverschmutzung« und »Ozeanplastik«, und meine Freunde berichten *mir* von den neuesten Fortschritten bei der Plastikreduzierung. Das ist fantastisch! Das ist die beste Veränderung, glaube ich – die Welt hat das Problem erkannt und will eine Veränderung. Jetzt müssen die Staatschefs zuhören und etwas tun.

Was ist der beeindruckendste Versuch, Plastik zu vermeiden, von dem du je gehört hast – von einer Person oder einem Unternehmen?

Ich bin ungeheuer vielen inspirierenden Menschen, Gemeinschaften und Organisationen begegnet, die das Problem angehen und versuchen, etwas dagegen zu unternehmen. Hier in Schottland ist gerade das offizielle Jahr der Jugend. Ich würde deshalb gern die *Sunnyside Primary Ocean Defenders* herausheben. Das sind großartige Zehn- und Elfjährige, die mit ihrer Kampagne ›Nae Straw at Aw‹ an der Spitze der Bewegung gegen Einwegplastikstrohhalme stehen. Sie haben Dörfer, Stadträte und sogar Mitglieder des Schottischen Parlaments inspiriert, »Nein zum Strohhalm« zu sagen, wenn sie keinen brauchen – echte Verteidiger der Meere und eine Inspiration für uns alle.

Starte deine eigene Kampagne

Vielleicht genügt dir Müllsammeln am Strand oder die Mitgliedschaft in einer Bürgerinitiative nicht, du willst mehr tun. Warum auch nicht – es gibt so viele Gelegenheiten für gute Kampagnen in deiner Gemeinde, dass dich nichts aufhalten sollte. Wenn du gerne eine Kampagne gegen eines der in diesem Buch erwähnten Produkte oder eine Regelung, die deine Gegend betrifft, starten willst, schau dir bitte die folgenden Tipps an. Hier zunächst einige Ideen für Kampagnen, falls du zwar die Energie hast, aber noch kein Ziel:

1. Verbote für Einwegplastik. Wie Tiza im Interview in diesem Buch bereits gesagt hat, sind Verbote einfach und effektiv – sie wirken. Ob es darum geht, dass die Kneipe bei dir in der Straße die Plastikstrohhalme abschafft, oder deine Regionalregierung den Fast-Food-Ketten die Styroporverpackungen für Essen zum Mitnehmen und Plastik-Einwegbestecke verbieten soll – überlege einfach, was bei dir an Plastik auf der Straße liegt und welche Regelung nötig wäre, damit es verschwindet.

2. Mehr Trinkwasserbrunnen. Angesichts des riesigen Problems mit Plastikwasserflaschen wäre es eine gute Sache, wenn in jedem Geschäft und jeder Behörde mehr Trinkwasserbrunnen aufgestellt würden (oder sich die Betreffenden bereit erklären, Trinkwasser umsonst abzugeben).

Übung 1

Schreib hier bitte mit nicht mehr als 50 Wörtern auf, wie das Problem lautet und was du ändern möchtest:

Schreib hier bitte mit nicht mehr als 50 Wörtern auf, welche Veränderung nötig wäre, um das Problem zu lösen:

Jede gute Kampagne besteht aus mehreren Schritten, die den oder die Zuständigen dazu bringen, Entscheidungen zu treffen, die zu den gewünschten Veränderungen führen. Das kann manchmal sehr schnell gehen, manchmal dauert es auch sehr lange – aber der Anfang ist immer eine simple Idee. Jetzt, wo du das Problem und den Lösungsweg, den du für den richtigen hältst, in Worte gefasst hast, wird es Zeit herauszufinden, an wen du dich damit wenden musst. Ist es der CEO oder Nachhaltigkeitsbeauftragte eines Unternehmens, ein Lokalpolitiker oder vielleicht dein Parlamentsabgeordneter? Das ist in jedem Einzelfall anders, und falls du dir nicht sicher bist, empfehle ich dir, immer bis zum Ranghöchsten zu gehen – dem CEO, dem Ausschussvorsitzenden oder dem Bürgermeister. Wenn sie nicht verantwortlich sind, sagen sie dir schon, wer es ist.

Jetzt hast du dein Problem, deine Lösung und dein Ziel und brauchst nur noch einen Aktionsplan. Die Schritte, die du gehen musst, um das Ziel deiner Kampagne zu erreichen, kannst du dir als Sprossen einer Leiter vorstellen. Jede Sprosse bedeutet eine Eskalationsstufe. Selbst wenn du dich über das Verhalten von jemanden, den du kontaktierst, sehr ärgerst, denke immer daran, dass eine ideale Lösung des Problems vermutlich heißt, dass ihr in Zukunft zusammenarbeiten müsst. Es ist also vielleicht nicht das Schlechteste, zuerst im kleinen Rahmen und persönlich auf jemanden zuzugehen, bevor du zum Aufstand bläst und an die Öffentlichkeit gehst.

Hier folgt ein Beispiel für eine Eskalationsleiter. Du musst dein Vorgehen natürlich immer auf die Situation abstimmen und kennst ja auch deine Ansprechpartner und deine Gruppe besser als ich. Es gibt so ungeheuer viele tolle kreative Möglichkeiten, eine Kampagne zu fuhren, dass diese Liste nicht allen gerecht werden kann, aber je mehr Übung du bekommst und je mehr andere Kampagnen du verfolgst, desto mehr Ideen wirst du haben. Es kann auch sein, dass manche Sprossen wiederholt werden müssen oder man länger auf ihnen verweilt; es kann auch sein, dass du nach jeder Eskalation wieder mit deiner Zielperson zusammentriffst und sie erneut zu überzeugen versuchst. Es geht also nur um eine Hilfestellung für Anfänger, nicht um eine verbindliche Richtlinie. Für viele örtliche Kampagnen ist die folgende Liste aber eine brauchbare Abfolge von Schritten (und einige Greenpeace-Kampagnen haben sie ebenfalls mit großem Effekt eingesetzt). Die einzelnen Schritte werden im Folgenden noch genauer ausgeführt.

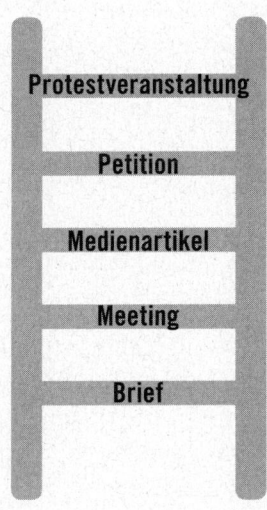

Jede gute Kampagne besteht aus mehreren Schritten, die den oder die Zuständigen dazu bringen, etwas zu ändern.

Briefe schreiben

Weltweit sind Briefe und E-Mails eine der effektivsten Methoden, um direkt mit den Mächtigen in Verbindung zu treten. Ob es darum geht, einen Politiker zu überzeugen, für oder gegen etwas zu stimmen, oder einen Händler oder Hersteller, ein bestimmtes Produkt aus dem Sortiment zu nehmen – dein Brief hat gute Chancen, gelesen zu werden und etwas zu bewirken.

Einführung: Wie man einen guten Brief schreibt

Ein guter Brief kann eine unschätzbare Maßnahme sein, um die Zuständigen zu bewegen, sich deiner

Kampagne anzuschließen. Mehr noch, ein gut geschriebener Brief, der sich persönlich an den jeweiligen Empfänger richtet, kann effektiver sein als Tausende identischer E-Mails, die zum Beispiel infolge einer Internetkampagne eintrudeln. Einen guten Kampagnenbrief kann jeder schreiben, wenn man sich an den folgenden fünf Prinzipien orientiert:

- klar
- kurz
- persönlich
- korrekt
- höflich.

Klar

Wir alle werden leicht mitgerissen, wenn wir über etwas sprechen oder schreiben, das uns wichtig ist. Es ist schnell passiert, dass man eine lange, wirre Rede über ein Problem wie zum Beispiel Umweltverschmutzung durch Plastik hält. Diesem Drang darf man nicht nachgeben, auch nicht, wenn man einen Kampagnenbrief an einen Politiker oder Unternehmenschef schreibt. Reduziere deine Argumente auf das absolut Notwendige, denn es kommt nur darauf an, dass der Empfänger deines Briefes genau versteht, was du forderst, warum du es forderst und was er dafür tun soll.

Bevor du anfängst, notiere jeweils in einem Satz die Antwort auf die folgenden drei Fragen:

1. Was forderst du?

Geht es darum, dass jemand seinen Plastikverbrauch reduzieren oder im Parlament für oder gegen etwas stimmen soll? Soll
ein Unternehmen ein bestimmtes Produkt aus dem Sortiment
nehmen oder eine örtliche Bürgerinitiative zum Müllsammeln
unterstützen? Vielleicht hast du auch mehr als ein Anliegen. Du
kannst mehrere anführen, aber übertreibe es nicht – konzentriere dich auf einige wenige. Das Hauptanliegen sollte gleich im
ersten Absatz genannt werden, damit derjenige, der den Brief
liest, gleich weiß, worum es dir geht.

2. Warum forderst du es?

Das ist der Hauptteil des Briefs. Hier kannst du Fallstudien,
eigene Erlebnisberichte und alle anderen Argumente anführen,
die dich dazu bringen, eine Reduzierung der Plastikverschmutzung zu fordern. Dieser Teil sollte ziemlich kurz sein und nur
Beispiele oder Argumente enthalten, die unmittelbar dein Anliegen stützen. Nehmen wir zum Beispiel an, du schreibst an einen Politiker, um ihn aufzufordern, für ein Verbot von Plastik-
Einwegbesteck zu stimmen. Einer der bekanntesten Fakten zur
Plastikverschmutzung ist, dass pro Minute ungefähr eine Lkw-
Ladung Plastikmüll in den Ozean gelangt. Das ist als Tatsache
sehr beklemmend, aber wenn dein Brief den richtigen Eindruck
machen soll, wäre eine spezifische Angabe besser, wie viele
Plastikbesteckteile in den Ozean gelangen, oder du berufst dich
auf die positiven Auswirkungen eines bereits bestehenden Ver-
bots in einem anderen Land.

3. Was soll der Adressat tun, um deine Forderung zu erfüllen?

Hier kannst du zum Beispiel die Parlamentsabstimmung angeben, in der das betreffende Gesetz verabschiedet wird, und wie er abstimmen soll. Schreibst du an einen Gastwirt, schildere ihm sein Café als zukünftig plastikfreie Zone, wie du sie dir vorstellst, aus der Plastikrührstäbchen und plastikbeschichtete Pappbecher verbannt sind. Wie deine Zukunftsvision auch aussieht – bleib positiv, drücke dich klar aus und konzentriere dich darauf, wie die gewünschte Reaktion helfen würde, eine Welt zu schaffen, in der das Meer nicht mehr im Plastikmüll erstickt.

Kurz

Der Adressat deines Briefes ist jemand, der Entscheidungen trifft. Das heißt, er hat wahrscheinlich viel zu tun – oder empfindet das zumindest so. Wenn du dich kurzfasst, wird er deinen Brief nicht nur eher lesen, sondern sich auch freuen, dass er nicht erst einen Essay bewältigen muss, bevor du sagst, was du willst. Was meine ich mit kurz? Wenn du den Brief per Post schickst, genügt eine DIN-A4-Seite völlig, um alle wichtigen Punkte darzulegen.

Die Versuchung mag groß sein, alle Fakten und Daten aufzulisten, die dir zu deinem Anliegen in den Sinn kommen, aber das kann schnell unübersichtlich werden und den Leser verwirren. Versuche bei jedem Punkt deiner Forderung, dich auf ein Beispiel oder einen statistischen Verweis zu beschränken, und wähle stets den relevantesten oder das, was den Interessen des Empfängers am meisten entgegenkommt. Gib nicht dem Drang nach, einen beeindruckenden Bericht oder Zeitungsartikel zusammenfassen zu wollen, weil du damit nur wertvolle Zeilen verschenkst. Wenn der Brief kurz bleiben soll, benenne die Quelle der zitierten Fakten, und füge eine Kopie (oder einen Link) hinzu, damit der Empfänger selbst entscheiden kann, wann er sich damit ausführlicher beschäftigt.

Persönlich

Beispiele und statistisches Material sind unverzichtbar für eine überzeugende Argumentation, und sie sind es meist, die uns in Überschriften oder in Posts in den sozialen Netzwerken aufmerksam werden lassen. Aber man darf sich auch nicht zu sehr auf Zahlen und Beispiele stützen. Erwähne unbedingt auch, wer du bist und warum dich dieses Problem so umtreibt. Hast du dich an Weihnachten darüber geärgert, in wie viel Einwegplastik du die Geschenke für dein Kind einpacken musstest? Schildere dieses Erlebnis in deinem Brief, damit der Empfänger dich als Person wahrnimmt, die unmittelbar zu ihm spricht.

Am wirkungsvollsten überzeugst du jemanden, indem du ein persönliches Erlebnis schilderst.

Ratschläge nehmen wir viel eher von Angehörigen, Freunden und Bekannten an, als uns von einem Zeitungsartikel oder einer Fernsehsendung überzeugen zu lassen. Erzähle dem Empfänger deines Briefes also ein bisschen über dich. Wenn du Stammkunde in dem Supermarkt bist, den du anschreibst, erwähne das in deinem Brief – die Ansichten eines Dauerkunden interessieren die Geschäftsleitung. Hast du unmittelbar etwas Trauriges, Bewegendes erlebt, das du schildern kannst? Ein Blässhuhn oder Moorhuhn vielleicht, das sein Nest aus Plastikschnipseln gebaut hat, oder dass dein Lieblingsstrand voller Plastikflaschen war? Vielleicht klingt das trivial, aber ein persönliches Erlebnis kann als Argument genauso gut sein wie eine Statistik, weil es deinem Leser etwas über dich erzählt. Und, wer weiß, vielleicht hat er ja etwas Ähnliches auch schon erlebt.

Korrekt

Wenn dein Brief fertig ist, lies ihn noch einmal rasch Korrektur. Grobe Grammatik- und Rechtschreibfehler sind deinem Anliegen nicht förderlich (wenn du dir unsicher bist, lass ihn von einem Freund gegenlesen). Prüfe noch einmal alle Fakten, die du genannt hast. Lege dich lieber nicht allzu sehr fest. Statt »Jedes Jahr gelangen 12,7 Millionen Tonnen Plastikmüll ins Meer« schreib lieber »Jedes Jahr gelangen bis zu 12,7 Millionen Tonnen Plastikmüll ins Meer«. Übertreibungen machen dich unglaubwürdig, und der Empfänger misstraut dann auch deinen Forderungen. Du musst nicht jede Behauptung, die du wiedergibst, belegen, aber achte darauf, dass du zu jeder die Quelle angeben kannst, falls Nachfragen kommen.

Höflich

Zu guter Letzt: Achte auf einen höflichen Ton; du darfst nicht wütend oder aggressiv klingen. Würdest du eher einen Brief beantworten, der dich empört, oder einen, der dich anspricht und ermutigt? Widerstehe der Versuchung, deinen Frust loszuwerden oder rotzig zu formulieren, und bleibe so verbindlich, wie es der Empfänger erwartet, dann liest er nämlich viel eher weiter.

Und das wäre schon alles. Wenn du diese fünf Regeln beherzigst, hast du einen effektiven Kampagnenbrief geschrieben. Jetzt klicke auf »Senden«, oder klebe die Briefmarke auf den Umschlag und schicke ihn ab. Wenn du noch mehr Tipps brauchst, hier ein Musterbrief:

Sehr geehrte Ms. Wan,

Was forderst du? ich wende mich an Sie als für
meine Wohngegend zuständige Stadt-
rätin mit der Bitte um die Aufstellung weiterer Trinkwasserbrunnen im Park an meiner Straße. In
den letzten Jahren fällt mir beim
Joggen im Park auf, dass dort be-
deutend mehr Plastikmüll herumliegt als früher. Es gibt zwar
Müllcimer, aber die quellen nach
einem sonnigen Tag oft über, sodass Plastikmüll auf dem Rasen
verstreut herumliegt. Durch mehr
öffentliche Trinkwasserbrunnen
könnte diesem Problem vorgebeugt
werden.

um schreibst du? Der Plastikmüll, den ich sehe,
besteht sehr häufig aus Einwegfla-
schen. Einwegflaschen aus Kunststoff und ihre Verschlusskappen
gehören zu den häufigsten Gegenständen, die an den Stränden angeschwemmt werden und im Meer treiben. Selbst der Plastikmüll hier
in unserem Park könnte in einem
Bach landen und über weitere Wasserwege letztlich in den Ozean
gelangen.

Es kann über 400 Jahre dauern, bis eine Plastikflasche, die einmal in die Umwelt gelangt ist, vollständig zersetzt ist. Die zunehmende Plastikvermüllung ist ein weltweites Problem, und eine der Hauptursachen ist, dass jährlich 120 Milliarden Einwegplastikflaschen von Limonadenherstellern abgefüllt werden. Jede Minute wird eine Million Einwegplastikflaschen weltweit verkauft. Wenn die Plastikverschmutzung im Meer endlich nachlassen soll, darf das, finde ich, nicht so weitergehen.

Die wirksamste Maßnahme gegen Plastikverschmutzung ist, weniger Einwegplastik zu produzieren. Bei Plastikflaschen ist das ganz einfach, weil man stattdessen eine wiederverwendbare Flasche benutzen kann. Gäbe es in unserem Park mehr Trinkwasserbrunnen, würden mehr Menschen motiviert, eine Mehrwegflasche mitzuführen, sie müssten kein abgefülltes Wasser mehr kaufen, weil sie auch direkt aus dem Brunnen trinken könnten.

Beispiele als
Anregung

Die *Zoological Society of London*
und *Selfridges* sind Beispiele für
zwei große Einrichtungen, die
überhaupt kein Wasser in Plastikflaschen mehr verkaufen und stattdessen mehr Trinkwasserbrunnen
aufstellen.

Belege, die deine
Behauptung direkt
unterstützen

In einem Bericht des *Environmental
Audit Committee* über Plastikflaschen heißt es, die Aufstellung
von Trinkwasserbrunnen könnte den
Verbrauch von Plastikwasserflaschen um bis zu 65 Prozent reduzieren — ein Rückgang in dieser
Größenordnung würde den Plastikmüll in unserem Park enorm reduzieren.

Persönliche
Perspektive

Ich mag unseren Park sehr und
finde es sehr schade, dass Plastikmüll auf dem Teich treibt und
in den Hecken liegt — diesen Zu-
stand so zu belassen, lässt den
Eindruck entstehen, als ob uns unsere Wohngegend gleichgültig ist.
Das ist mir regelrecht peinlich,
wenn Freunde und Angehörige zu Besuch kommen. Außerdem bin ich
selbst manchmal gezwungen, Plastik-

flaschen zu kaufen, weil es keine andere Möglichkeit gibt.

Welche Reaktion erwartest du vom Leser?

Ich — und viele andere sicher auch — wäre Ihnen daher sehr dankbar, wenn Sie sich dafür einsetzen würden, so schnell wie möglich mehr Trinkwasserbrunnen in unserem Park aufstellen zu lassen. Ich würde mich sehr über eine Gelegenheit freuen, persönlich mit Ihnen darüber zu sprechen. Sie erreichen mich unter meiner angegebenen E-Mail-Adresse oder unter der Telefonnummer xxxxx.

Mit freundlichen Grüßen,
Will McCallum

Meeting

Vielleicht schreibst du besser erst einen Brief und vereinbarst dann einen Gesprächstermin, vielleicht möchtest du aber der betreffenden Person auch möglichst bald persönlich begegnen, weil du sie schon kennst. Wie auch immer, ich kann nicht genug betonen, wie wichtig ein persönliches Gespräch ist. So oft habe ich es schon erlebt, dass ein Unternehmen oder ein Politiker nach Monaten oder sogar Jahren einer Kampagne, die auf der Stelle trat, durch ein gutes persönliches Gespräch und einer offenen Diskussion plötzlich zum Handeln bewegt wurde. Jemanden persönlich zu treffen kann das wirkungsvollste Mittel sein, ihn zu überzeugen, und zwar nicht nur, wie hier, zu Beginn einer Kampagne, sondern in jedem Stadium.

Warum man das persönliche Gespräch suchen soll, wenn alle Informationen auch schriftlich übermittelt werden? Kurz gesagt: deinetwegen und wegen deiner Geschichte. Bei einem persönlichen Gespräch wirken nicht nur unsere Worte, sondern der Gesamteindruck, den unser Verhalten und unsere Persönlichkeit macht. Dein Gegenüber sieht dann, dass du nicht viel anders bist als es selbst – ein normaler Bürger, der sich um etwas sorgt und deshalb einen Aufstand macht, und der dafür wirklich vernünftige Gründe hat.

Vorbereitung auf das Gespräch

Auf ein Meeting kann man sich genauso gut vorbereiten wie auf einen Brief. Notiere dir deine wichtigsten Punkte, bleibe dabei kurz, klar, persönlich und sachlich, und wenn du jemand bist, der leicht nervös wird, übe das Vortragen ein paarmal. Schreibe dir auch die wichtigsten Fakten und Daten auf, die du einsetzen willst – am besten immer mit Bezug auf die Person, die du für dein Anliegen überzeugen willst. Wenn möglich, nimm einen Freund oder Kollegen zu dem Meeting mit. Wenn ihr beide etwas sagen wollt, macht vorher aus, wer welche Punkte vorträgt. Aber selbst wenn nur jemand zur Begleitung mitkommt, um Solidarität zu zeigen, ist das eine gute Sache.

Überlege dir auch, was du zu dem Meeting mitnimmst. Hast du einen Bericht gelesen, der viele der Argumente enthält, die du vorbringen willst? Nimm eine Kopie davon mit. Möchtest du dein Gegenüber dazu bringen, auf Mehrwegbecher umzusteigen und keine Einwegplastikbecher mehr zu verkaufen? Nimm ein oder zwei Beispiele solcher Mehrwegbecher mit, um sie vorzeigen zu können. Sind dir Produkte des Unternehmens als Müll am Strand oder im Park aufgefallen? Bring Fotos davon mit. Je mehr solcher Hilfsmittel du hast, um deine Sache überzeugend vorzutragen, desto besser.

Wie man ein Gespräch führt

Das Wichtigste an einem Meeting ist, dass du dir bewusst bist: Du willst einen neuen Verbündeten gewinnen. Du möchtest dein Gegenüber und sein Unternehmen oder seine Behörde auf deine Seite holen. Vielleicht ärgerst du dich über ein Verhalten oder eine Äußerung deiner Gesprächspartner oder bist frustriert, weil deine Argumente einfach nicht gehört werden, aber zumindest bei der ersten Begegnung ist es entscheidend, höflich zu bleiben. Wenn du jemanden mitnimmst, lass sie oder ihn ein Stichwortprotokoll des Gesprächs führen. Nach einem Gespräch kann man sich oft nur mit Mühe an alles erinnern, was gesagt und vereinbart wurde; ein Protokoll ist da eine gute Gedächtnisstütze.

Sehr wahrscheinlich wird man dich bitten, zunächst deinen Standpunkt und dein Anliegen vorzutragen. In diesem Fall gehe, wie du es geübt hast, die Hauptpunkte zügig durch, damit danach genügend Zeit zum Diskutieren bleibt. Du musst nicht unbedingt gleich alles auf einmal loswerden – halte einige Argumente und Fakten für die Diskussion in der Hinterhand. Denke daran, deine Forderung zu Anfang und zum Schluss klar und deutlich vorzubringen. Wenn du fertig bist, frage nach, ob dein Gegenüber Fragen hat oder auf einen Punkt genauer eingehen möchte und was er von deinem Vorschlag insgesamt hält.

Versuche, während der Diskussion immer knapp und präzise zu argumentieren. Wenn du merkst, dass du abschweifst, komm mit einer Frage zur Sache zurück. (Trage an dem Tag eine Armbanduhr, um die Zeit im Auge zu behalten.) Denke daran, dass persönliche Gespräche zwar sehr wirkungsvoll sind, dass aber auch ein überzeugtes Gegenüber vielleicht nicht sofort in deinem Sinn entscheiden kann. Wenn du zu sehr drängst, verstimmst du dein Gegenüber nur, und wenn er auch nach mehrfachem Nachfragen seine Zustimmung nicht geben mag, lass es in dieser Phase dabei bewenden, zähle noch einige relevante Fakten und Daten auf, und beende die Diskussion, wobei du gleich ankündigst, dass du dich wieder melden wirst. Hat dein Gegenüber Fragen, die du nicht aus dem Stand beantworten kannst, notiere sie und versprich, die Antworten nachzureichen.

Nachdem du deine Argumente vorgetragen, der Entgegnung zugehört und alle Fragen beantwortet hast und damit allgemein einen persönlichen Eindruck davon gewonnen hast, wie dein Gesprächspartner deiner Kampagne gegenübersteht, wird es normalerweise Zeit, zum Schluss zu kommen. Wenn du das Gespräch abschließt, fasse alles zusammen, was ihr eventuell miteinander vereinbart habt, und versprich, eine E-Mail oder einen Brief zu schicken, in dem alles noch einmal schriftlich festgehalten ist. Wenn du dich wieder meldest, erinnere an den Gesprächstermin, beantworte noch offene Fragen, wiederhole das Anliegen deiner Kampagne, und setze deinem Ansprechpartner eine Frist für seine Reaktion.

Das klingt alles ganz einfach – und zwar, weil es ganz einfach ist. Um ein guter Lobbyist zu sein, muss man ebenso systematisch und geradeheraus wie auch eloquent sein. Natürlich hast du jetzt dein Kampagnenziel vielleicht noch nicht erreicht – aber keine Sorge, das ist ganz normal. Viele Kampagnen benötigen mehrere Meetings, bevor sie sich durchsetzen, aber wenn du für deinen Gesprächstermin diese Prinzipien beherzigst, hast du schon einmal einen guten Anfang gemacht.

Das Wichtigste an einem Meeting ist, dass du dir bewusst bist: Du willst einen neuen Verbündeten gewinnen.

Medienarbeit

Als Ortsansässiger, der eine Kampagne für ein lokales Anliegen leitet, bist du jetzt von Interesse für die lokalen Medien. Wenn es eins gibt, worauf Journalisten anspringen, dann sind es authentische Geschichten. Anstatt Anzeigen oder Ankündigungen langweiliger Veranstaltungen zu bringen, berichten sie lieber darüber, was ihre Leser oder Zuschauer bewegt. Glückwunsch – du kommst mit deiner Kampagne jetzt in die Zeitung oder ins Fernsehen. Und wenn die Journalisten nicht selbst darauf kommen, dass sie dich brauchen, musst du es ihnen eben sagen.

Medienarbeit kann einen zunächst einschüchtern, aber denke daran, dass Journalisten stets auf der Suche nach Storys sind und dass du ihnen einen Gefallen tust, wenn du sie auf deine Kampagne hinweist, solange du sie nicht mit langweiligen Informationen überflutest. Denke auch daran, dass Journalisten Neuigkeiten berichten, und schicke ihnen nicht immer wieder dieselbe Story. Schreib die betreffenden Redaktionen nur dann an, wenn du auch etwas Neues zu sagen hast. Auf diese Weise solltest du mit der Zeit eine gute Arbeitsbeziehung zur Presse und einen Ruf als vertrauenswürdige Quelle bekommen.

Wie man die Medien auf sich aufmerksam macht

Als Erstes schreibst du eine Pressemitteilung – eine kurze Zusammenfassung dessen, was du mitzuteilen hast, mit der Begründung, warum die Nachricht wichtig ist, und benennst einen Kontakt, an den man sich wenden kann. Die Pressemitteilung sollte Teil der E-Mail sein und nicht als Anhang versendet werden, weil E-Mails mit Anhängen gern im Spamfilter landen. Gib der Pressemitteilung einen Titel, der die Nachricht schon zusammengefasst enthält, und verwende diesen Titel als Betreff der E-Mail. Vielleicht kennst du die Zahl, wie viele Einwegkaffeebecher eure Stadtverwaltung pro Jahr benutzt, dann sollte dein erster Satz lauten: »Bürgerinitiative XX: Stadtverwaltung wirft jährlich 100 000 Plastikbecher weg.« Vielleicht hast du bereits eine Petition eingereicht, dann schreib: »Bürger fordern: Stadtverwaltung soll Beitrag zur Vermeidung von Plastikmüll im Meer leisten.« Dieser Einleitungssatz ist der sogenannte Aufmacher und dient dazu, das Interesse des Lesers zu wecken und ihn zum Weiterlesen zu animieren. Deshalb muss er so plakativ wie möglich sein.

Am besten sind Pressemitteilungen, die sogleich zu den Schlüsselfakten des Problems übergehen. Auch wenn du ein begnadeter Schreiber bist, solltest du es in diesem Fall bei Stichpunkten belassen. Fasse für Journalisten in höchstens fünf Stichpunkten die wichtigsten Fakten und Daten und eine knappe Chronik der Ereignisse zusammen. Wenn deine Pressemitteilung eine Veranstaltung ankündigt, über die die Presse berichten soll, verweise auf die Daten in den Stichpunkten, und wiederhole sie am Ende der Mitteilung. Anschließend kannst du noch eine ausführlichere Schilderung anhängen, worum es geht, was so wichtig daran ist und was du forderst. Verwende keine Fachbegriffe, und drücke dich nicht übermäßig kompliziert aus. Erkläre das Problem und seine Relevanz so einfach wie möglich. Der Journalist, der deine Mitteilung liest, hat vom Problem und den Hintergründen wahrscheinlich keine Ahnung und wird deinen Text eher überfliegen, deshalb halte ihn klar und kurz.

Keinesfalls fehlen darf in deiner Pressemitteilung ein Zitat von dir oder dem Sprecher eurer Kampagne. Nenne den Namen des Zitierten, eventuell seine Zugehörigkeit zu einer Organisation, und verwende dann ein Zitat, das eure Kampagne in einer persönlichen Aussage zusammenfasst – dieser Teil deiner Pressemitteilung sollte in der Berichterstattung wörtlich wiedergegeben werden. Am Schluss der Pressemitteilung gibst du an, wie du oder derjenige, an den sich Journalisten mit etwaigen Rückfragen wenden sollen, zu erreichen ist.

Tipp zum Schluss: Nichts erregt so viel Aufmerksamkeit wie ein paar gute Bilder. Wenn du deine Pressemitteilung mit Fotos ergänzt, bekommt deine Geschichte eine viel größere Reichweite; ein paar Schnappschüsse mit dem Mobiltelefon genügen schon. Auch die Fotos solltest du nicht als Anhang deiner E-Mail mitsenden, damit sie nicht womöglich im Spamfilter hängenbleiben, sondern ein Album bei Flickr oder einem ähnlichen Netzwerk anlegen und der Pressemitteilung einen Link dorthin beifügen.

Bevor du auf »Senden« klickst, lies die Pressemitteilung mindestens zweimal durch. Wenn möglich, lasse sie von einem Freund gegenlesen. Für einen Journalisten ist das Verfassen von Texten sein Beruf, und über schlampige Rechtschreibung und Grammatik ärgert er sich. Setze die Überschriften fett, und achte auf eine ordentliche Formatierung der Zwischenüberschriften und Stichpunkte. Nach dem Korrekturlesen kannst du die Mitteilung abschicken. Am besten tust du das frühmorgens, damit du den ganzen Tag hast, um nachzuhaken. Wenn deine Lokalzeitung ein Wochenblatt ist, warte bis etwa 48 Stunden vor dem Erscheinen, weil deine Mitteilung dann noch vor Redaktionsschluss ankommt, die Meldung aber andererseits noch nicht veraltet ist, wenn sie herauskommt.

Wenn du deine Pressemitteilung an alle Radio-, Fernseh- und Zeitungsredaktionen geschickt hast, die dir einfallen, greife zum Telefon, und rufe dort an. In dieser Phase deiner Kampagne hast du vielleicht schon die Nummer eines sympathisierenden Journalisten, der sich bei dir gemeldet hat. Falls ja, rufe ihn zuerst an. Wenn du etwas Berichtenswertes mitzuteilen hast, wird er sich freuen, dass du an ihn gedacht hast. Wenn du noch keine Telefonnummern hast, suche im Netz oder im Impressum der Lokalzeitung nach der Nummer der Nachrichtenredaktion. Bevor du sie anrufst, geh noch einmal kurz durch, wie du dem Redakteur deine Story darstellen willst, mit dem Text deiner Pressemitteilung vor dir. Wenn das Interesse der Redaktion geweckt ist, wirst du wahrscheinlich gebeten, die Pressemitteilung noch einmal zu schicken; du solltest also, wenn du anrufst, schon am Rechner sitzen.

Hier als Beispiel die Pressemitteilung, mit der
Greenpeace seine Plastikflaschenkampagne ein-
leitete:

...kative Überschrift

Greenpeace enthüllt Ausmaß der Plastikverschmutzung durch die großen Limonadenkonzerne

*Kurze Inhalts-
übersicht*

Greenpeace UK hat die erste umfassende Studie
zur Plastikverschmutzung durch die sechs füh-
renden Limonadenhersteller der Welt und deren
Umgang mit diesem Problem veröffentlicht.
Es sind *Coca-Cola*, *PepsiCo*, *Suntory*, *Danone*,
Dr Pepper Snapple und *Nestlé*.

Obwohl Einwegplastikflaschen ein Hauptbe-
standteil des Plastikmülls im Meer sind, zeigen
die Limonadenhersteller einen beklagenswerten
Mangel an Initiative, um die Verschmutzung des
Ozeans zu verhindern.

*...kes Zitat, das die
...ngen im Wortlaut
drucken sollen*

»Die Zahlen lassen einen nach Luft schnappen«,
so **Louise Edge, führende Meeresschutzaktivistin bei Greenpeace UK**. »Wir müssen das
Zeitalter des Wegwerfplastiks endlich hinter uns
lassen, wenn wir unsere Ozeane schützen wollen.
Diese Unternehmen müssen jetzt endlich entschlossen handeln.«

Die wichtigsten Ergebnisse:

Wichtigste Punkte der Story; interessante Fakten hervorheben. Die eindrucksvollsten Zahlen zuerst

- Von den sechs befragten Unternehmen verkaufen fünf zusammengerechnet über **zwei Millionen Tonnen Plastikflaschen jährlich – das entspricht dem Gewicht von 10 000 Blauwalen.**

  ○ Der größte Hersteller, **Coca-Cola, gibt keine Auskunft zum Ausmaß der Plastikverschmutzung, die er verursacht**; die tatsächliche Zahl ist also weit höher.

  ○ Zusammen mit den Plastikverpackungen der Plastikflaschen erhöht sich die Zahl auf **beklemmende 3,6 Millionen Tonnen** jährlich (ebenfalls ohne Coca-Cola).

- **Die sechs Hersteller verwenden zusammen nur 6,6 Prozent recycelten Kunststoff in ihren Flaschen**, obwohl sie vollständig recycelbare Flaschen herstellen könnten, aber die Verantwortung für das Recycling auf die Kunden abwälzen.

- **Keiner der Hersteller hat eine Verpflichtung, Zielvorgabe oder einen Zeitplan** zur Verringerung der Menge an Einwegflaschen, die er herstellt.

- Ein Drittel der befragten Unternehmen hat **keine Gesamtzielvorgabe zur Steigerung des Anteils von Recyclingplastik** in seinen Plastikflaschen, und **keines strebt 100 Prozent recyceltes Material** in einem ehrgeizigen Zeitplan **an.**

- Vier der sechs führenden befragten Hersteller **berücksichtigen die Auswirkungen von Plastikflaschen im Meer** in ihrer Produktgestaltung und den Entwicklungsprozessen **nicht**.

- In den vergangenen zehn Jahren hat die Limonadenbranche ihren **Anteil wiederverwendbarer Flaschen ständig gesenkt**, anstatt ihn zu erhöhen.

- Zwei Drittel der befragten Limonadenhersteller **stellen sich grundsätzlich gegen Pfandregelungen** für Getränkebehälter. Pfandregelungen haben die Recycling- und Rückgaberate weltweit auf über 80 Prozent erhöht, in Deutschland sogar auf 98 Prozent.

Louise Edge, führende Meeresschutzaktivistin bei Greenpeace UK:

»Unser Alltag ist voller Einwegplastik. 12 Millionen Tonnen davon enden jährlich im Meer, wo sie Tiere und Pflanzen schädigen, giftige Chemikalien freisetzen und erst nach Jahrhunderten verschwinden. Wir wissen, dass Plastikflaschen ein Hauptfaktor der Vermüllung im Meer sind. Allein in Großbritannien belasten wir die Umwelt täglich mit 16 Millionen Stück.

Es geht also nicht, wenn die weltweit führenden Limonadenhersteller Millionen Plastikeinwegflaschen in die Welt setzen und dann selbst keine Verantwortung für die resultierende Müllflut übernehmen wollen. Die Zahlen unserer Studie

eine Sorge, wenn Pressemitteilung t so viele Zahlen du sollst hier nur hen, wie man sie präsentiert.

usätzliches Zitat ngaben zu deiner n oder der eures Sprechers

lassen einen nach Luft schnappen. Wir müssen
das Zeitalter des Wegwerfplastiks endlich hinter
uns lassen, wenn wir unsere Ozeane schützen
wollen. Diese Unternehmen müssen jetzt endlich
entschlossen handeln: Von Einweg- auf Mehr-
wegplastik umstellen, wiederverwendbare Verpackungen einführen und dafür sorgen, dass alles
verbleibende Einwegplastik zu 100 Prozent aus
Recyclingmaterial besteht.«

ENDE

Bilder und weiter-
führende Informationen
verlinken, statt sie in der
E-Mail unterzubringen

Anmerkungen für die Redaktion

- Vollständiger Bericht: Bottling It: the failure of
  major soft drinks companies to address ocean
  plastic pollution: http://www.greenpeace.org.
  uk/sites/files/gpuk/Bottling-It_FINAL.pdf.
- Bilder zur Meeresvermüllung durch Einwegplastik (kostenlos, Quellenangabe und Regis-
  trierung erforderlich): http://media.green-
  peace.org/collection/27MZIFJJAYYJJ
- Videofilm auf Anfrage.

Presse-
Kontaktinformation:

**Für Rückfragen, Interviews und Stellungnahmen
wenden Sie sich bitte an Luke Massey.**

Es ist sehr befriedigend, wenn man eine Story, die man geschrieben hat, gedruckt sieht oder im Radio hört, dann kann Medienarbeit zum schönsten Teil der Kampagnenarbeit werden. Sei aber nicht enttäuscht, wenn du nicht die Schlagzeile bekommst, die du dir gewünscht hast – das passiert jedem, auch bei den größten Kampagnen. Journalisten haben alle Hände voll zu tun, die wichtigsten Storys des Tages herauszusieben, und vielleicht hast du einen Tag mit vielen anderen wichtigen Meldungen erwischt. Deshalb sind die sozialen Netzwerke so wertvoll für die Kampagnenarbeit: Egal, an welchem Tag, du erreichst dort diejenigen, die deine Mitteilung lesen sollen (du kannst Journalisten auch noch per Twitter darauf aufmerksam machen, dass du eine Pressemitteilung für sie hast, wenn absolut keine Reaktion kommt). Wenn die Reaktionen immer noch verhalten bleiben, schreib einen Leserbrief an die Lokalzeitung – schau dir zunächst an, welche Art Leserbrief (Länge, Ton) am ehesten abgedruckt wird. Ein solch offener Brief ist ebenfalls eine gute Möglichkeit, die Redaktion der betreffenden Zeitung auf dich aufmerksam zu machen.

Eine Petition verfassen

Du hast entsprechend deinem Anliegen wichtige Entscheider persönlich gesprochen, ihnen geschrieben und in den Medien für deine Kampagne geworben – aber es hat nichts geholfen? Dann wird es

Zeit, den Druck zu erhöhen, und noch mehr Unterstützer zu mobilisieren.

Es war noch nie einfacher als heute, eine Petition zu verfassen. Es gibt inzwischen viele Websites, die dir beim Organisieren einer Kampagne helfen, ob *Change.org*, *Avaaz* oder *38 Degrees* – sie alle bieten dir die einfache Möglichkeit, eine Petition zu schreiben und zu verbreiten. Geh auf eine dieser Seiten, und klicke dich durch den Ablauf, und schon hast du deine eigene Petition fertig. Das Anliegen und die Ansprechpartner stehen ja schon fest, also sollte es ab da wirklich einfach sein.

Unterschriften sammeln

Nachdem du die Petition online gebracht hast, übe dich in Geduld. Keine Sorge, wenn die Unterschriften nicht sofort in Massen kommen – das ist ganz normal. Achte aber darauf, die Werbetrommel für deine Petition zu rühren: Poste sie in den sozialen Netzwerken, und bitte deine Freunde per E-Mail um ihre Unterschrift. Bitte alle, die unterschreiben, ebenfalls ihren Freunden die Petition zum Unterschreiben zu schicken, dann wächst die Zahl der Unterstützer rasch. Schau nach, ob einer der Freunde oder jemand, den du kennst, irgendwo besonders viele Follower hat, und bitte ihn gesondert, die Petition in seinem Account zu verbreiten. Auch Leute, die im Internet prominent sind, können dir als Unterstützer viele Unterschriften bringen.

Bleibe einige Wochen am Ball, und setze dir das

Ziel von mindestens 200 Unterschriften – das reicht, um Kommunalpolitiker und örtliche Unternehmen zu beeindrucken, und ist realistisch, wenn du alle Bekannten in deiner Gegend um ihre Unterschrift bittest und vielleicht noch ein paar Schilder in der Nähe des betreffenden Unternehmens oder an einem plastikvermüllten Ort aufhängst, um ein bisschen zusätzliche Aufmerksamkeit zu gewinnen.

Eine Petition überreichen

Schließlich kommt der Tag, an dem die Petition überreicht wird. Vielleicht hast du die gewünschte Anzahl Unterschriften zusammen, oder eine Wahl steht kurz bevor, jedenfalls willst du sie jetzt abgeben. Überlege dir, wie du sie präsentieren willst. Wie wäre es mit einem passenden Requisit? Vielleicht ein Papierstrohhalm pro Unterschrift, eine Urkunde, die du in kurzer Zeit gestalten kannst, oder vielleicht ein großes Schild mit der ausgedruckten Zahl der Unterschriften – es sollte ein Symbol sein, das zum Anlass passt und auf einem Foto gut zur Geltung kommt. Vielleicht wird es ein Gruppenauftritt mit anderen Unterstützern oder den Helfern, die für dich Unterschriften gesammelt haben, vielleicht ist es aber auch ganz formlos – du triffst dich mit deinem Ansprechpartner zum Kaffee und erzählst, wie viele Leute unterschrieben haben.

In dieser Phase der Kampagne hast du nämlich bestimmt schon regelmäßig Kontakt zu jemandem, den die Kampagne betrifft, und kannst diese Person einschätzen. Sag ihr also vorher Bescheid, an welchem Termin du deine Petition überreichst, damit der oder die Betreffende sich aussuchen kann, ob er/sie persönlich entgegennimmt oder einen Vertreter schickt (ich habe es allerdings auch schon oft erlebt, dass wir die Unterschriftenlisten durch einen Briefschlitz quetschen mussten, weil wir nicht empfangen wurden). Wenn du es für angemessen hältst, mach dir die Mühe, die Medien zur Überreichung einzuladen, besonders, wenn sie bereits über deine Kampagne berichtet haben. Für den Fall, dass kein Fotograf kommt, lass selbst jemanden ein paar Fotos machen, die du an die Unterstützer schicken und in den sozialen Netzwerken posten kannst.

Hast du vor der Überreichung der Petition keinen Gesprächstermin bekommen, dann erhältst du ihn wahrscheinlich jetzt. Wenn die andere Seite sich allerdings immer noch sperrt, wird es Zeit für die nächste Phase.

Eine Protestaktion organisieren

Jetzt denkst du wahrscheinlich an wütende Demonstranten, die Plakate schwenken. Solche Demonstrationen haben ihre Berechtigung und können viel bewirken, aber die habe ich hier gar nicht im Sinn. Sie wären wahrscheinlich die nächste Stufe auf der Eskalationsleiter und gehen einen Schritt weiter als die Kampagnenphasen, die ich meine.

Mit Protestaktion meine ich vielmehr eine geplante direkte Kommunikation mit den für dich wichtigen Ansprechpartnern, etwas, das deren Aufmerksamkeit weckt und sie zum Zuhören bringt. Ich kann hier nicht mal einen Bruchteil der Beispiele anführen, die es schon gegeben hat, aber hier sind ein paar Ideen für die nächste Phase:

1. **Fotografieren, teilen, anprangern**: Eine der einfachsten Methoden, um deine Kampagne bekannt zu machen und beispielsweise das Unternehmen, um das es geht, unter Druck zu setzen, besteht darin, dessen Verhalten öffentlich anzuprangern. Wenn dein Anliegen ist, Plastikstrohhalme zu verbieten, dann bitte alle Unterzeichner deiner Petition, sämtliche Plastikstrohhalme zu fotografieren, die sie auf dem Bürgersteig oder dem Kneipenfußboden sehen. Poste die Bilder in den sozialen Netzwerken, füge den Namen des Unternehmens an, und frage, warum das Unternehmen nicht endlich handelt. Keine Firma und kein Politiker wollen mit negativen Bildern verbunden werden, und so wird den Betreffenden womöglich schnell klar, dass sie falsch handeln und du ihnen zeigst, was sie ändern müssen.

2. **»Craftivism«**: Bitte Freunde und Unterstützer der Petition, den Betreffenden selbst gebastelte Geschenke zu schicken. Das können Origami-Fische sein oder Einmachgläschen voller Plastikmüll vom Strand. Netter Nippes kommt immer gut an – zwar vielleicht nicht in großen Stückzahlen auf einmal, aber so kannst du die Betreffenden freundlich ermuntern, etwas zu tun.

3. **Internetaktionen:** Bitte alle Unterzeichner deiner Petition, dem Unternehmenschef oder zuständigen Stadtrat Tweets zu schicken. Schreibe einige Tweets als Vorlage, oder lenke deine Unterstützer auf die Facebook-Seite des Betreffenden, wo sie Kommentare mit der Aufforderung zum Handeln hinterlassen sollen. Einige gezielte Posts in den sozialen Netzwerken können ganz schön Druck ausüben. Du kannst auch noch einen Schritt weitergehen und mit anderen Kampagnenteilnehmern ausmachen, dass alle gleichzeitig die Kundendienst-Servicenummer des Unternehmens anrufen und sie mit Beschwerden überfluten.

4. **An der Kasse lassen:** Viele Unternehmen ignorieren Kundenbeschwerden über maßlos aufwendige Verpackungen. Um ihre Aufmerksamkeit zu erzwingen, kannst du zum Beispiel allen übermäßigen Verpackungsmüll beim Bezahlen an der Kasse abgeben. Du bist nicht verantwortlich für die Entsorgung dieser Müllmassen, und wenn du ihn beim nächsten Mal nicht mitnehmen magst, packe das Produkt, das du gekauft hast, sorgfältig aus, und lasse die Verpackung im Laden zurück. Bleibe dabei aber höflich, und wenn der Kassierer ungehalten reagiert, bitte ihn um Entschuldigung – er kann auch nichts für die übermäßige Verpackung.

5. **Zurück an den Absender:** Wenn du dich nicht traust, die Verpackung an der Kasse liegen zu lassen (keine Sorge, das geht vielen Kunden so), schicke sie direkt an den Hersteller zurück. Wenn Amazon oder dein Supermarkt die nächste Lieferung in Massen von Plastik verpackt schickt, packe es zusammen und schicke es zurück. Wenn du auf Produkte mit Mikroplastik stößt oder noch eine alte Schachtel mit Plastik-

wattestäbchen hast, schicke sie an den Produzenten zurück, erkläre in einem Begleitschreiben den Grund, und bitte um Auskunft, wie sie das betreffende Produkt recyceln.

In sämtlichen Phasen vom Briefeschreiben bis zu Protestaktionen sind deiner Kampagne hinsichtlich Kreativität und Engagement auch im eigenen Umfeld keine Grenzen gesetzt. Sie sollte Spaß machen – die meisten Aktivisten freuen sich an ihrer Kampagne, weil es einfach guttut, aktiv zu sein und etwas zu organisieren. Allerdings ist es auch anstrengend, und wenn die Kampagne nicht nach Wunsch verläuft, kann das sehr enttäuschend sein. Setz dir daher zu Anfang kleine, erreichbare Kampagnenziele, und arbeite dich langsam zu größeren vor. Beginne mit einem Café oder Restaurant, bevor du dein ganzes Wohnviertel ins Visier nimmst; versuche zunächst, ein einziges Unternehmen dazu zu bringen, Plastikbesteck aus der Kantine zu verbannen, bevor du zur Stadtverwaltung gehst und Plastikbesteck generell verbieten lassen willst.

Eine Kampagne zu führen ist keine Wissenschaft, sondern eine Kunst, die man in der Praxis lernt. Mit zunehmender Erfahrung wirst du sehen, wie du unterschiedliche Persönlichkeiten, Unternehmen und Politiker am besten ansprichst, du wirst dir neue Taktiken ausdenken und neue Methoden, um die Aufmerksamkeit zu gewinnen, die du brauchst. Und wenn du am Ende Erfolg hast, nimm dir unbedingt die Zeit für eine Siegesfeier. Jeder Sieg auf dem Weg zur Plastikvermeidung ist ein Grund zum Jubeln, und langfristig ist es entscheidend, dass du dir die Zeit nimmst, dir über die Veränderungen klar zu werden, die du mit deinen Mitstreitern schon bewirkt hast.

**Eine Kampagne
zu führen ist keine
Wissenschaft, sondern
eine Kunst, die man in
der Praxis lernt.**

12

WAS BRINGT DIE ZUKUNFT?

Wie wir Plastik loswerden – das zu zeigen, ist das Ziel dieses Buchs. Es soll dazu anleiten, ein Material aufzugeben, das unsere ganze Generation definiert, und wie man sich etwas so alltäglich Gewordenes wieder abgewöhnt. Gelingen wird das durch Zusammenarbeit. Das Handeln jedes Einzelnen ist ein wichtiger Faktor, aber erst, wenn wir uns zusammentun, bewirken unsere Bemühungen tatsächlich etwas. Wie bei allen Bedrohungen, denen wir uns heute gegenübersehen – manche sogar größer und schlimmer als die Flut des Plastikmülls –, besteht die Lösung nicht darin zu hoffen, die Welt werde schon von selbst wieder ins Lot kommen, und bis dahin in Deckung zu gehen und gelegentlich hinter der Gardine hervorzuspähen, ob jemand die Lösung an die Haustür bringt. Die Lösung liegt vielmehr in unserer Fähigkeit, uns zusammenzutun und sofortige umfassende Maßnahmen einzufordern –

von uns selbst, von der Wirtschaft und von der Politik.

Den einen richtigen Weg zur Plastikvermeidung gibt es nicht. Jedes Land und jede Gemeinde wird seinen/ihren Weg wählen, aber die Botschaft ist überall dieselbe: Wir müssen vor allem die Plastikherstellung einschränken. Unsere Wegwerfkultur ist viel zu weit gegangen; der Silberstreif hinter den Plastiktüten, die unsere Strände vermüllen, ist dabei nur, dass wir jetzt gezwungen sind, aufzuwachen und anzuerkennen, dass wir nicht länger in einer Gesellschaft leben können, die es akzeptiert, ein Produkt nur einmal zu verwenden, bevor es, ohne einen Gedanken an seine Lebensdauer zu verschwenden, in den Müll geworfen wird. Der Plastikmüll in unserer eigenen Umgebung öffnet uns die Augen für die Notwendigkeit, einem Wirtschaftsmodell zu entsagen, das auf dem Konsum immer billigerer Produkte beruht, ohne Berücksichtigung der daraus resultierenden Umweltschäden. *Wie wir Plastik vermeiden* ist mehr als ein Ratgeber, wie du Plastikmüll aus deinem Haushalt verbannst; es ist eine Anleitung, wie du dich der wachsenden weltweiten Bewegung anschließen kannst, für die Plastik das Symbol einer vergangenen Zeit ist, in der die Umwelt, von der wir alle abhängen, nicht genug geachtet wurde.

Leider hat sich unser Plastikmüll bereits bis in die fernsten Winkel unseres Planeten ausgebreitet und wird im Magen von Meerestieren gefunden, die noch nie Kontakt zu Menschen hatten. Es ist sehr bedenklich, dass die Plastikproduktion dennoch weiter zunimmt und kein multinationaler Konzern sich bis jetzt zu einem realistischen Plan bequemt hat, seine Produktion an Plastikmüll zu senken. Ich war entsetzt, als ich las, dass in der Geologie das Auftauchen von Kunststoffen in Sedimenten als Zeichen gesehen wird, dass eine neue geologische Ära begonnen habe, das sogenannte Anthropozän. Wahr ist allerdings auch, dass das Bewusstsein für dieses Problem weltweit geschärft wird und eine Welle der Unzufriedenheit auslöst, die viele Menschen, mit denen ich über unsere Lebensweise gesprochen habe, erfasst. Die Abhängigkeit von Produkten, die uns auf lange Sicht nur schaden, bereitet vielen inzwischen ein unbehagliches Gefühl. Ob du eine Hochwasserlinie voll mit angeschwemmtem Plastik an deinem Lieblingsstrand entlanggewandert bist, dir Videos angeschaut hast, in denen Tiere von Plastikmüll befreit werden, oder dir Sorgen machst, ob dieses viele Plastik nicht gesundheitsschädlich ist – du liest dieses Buch, weil du weißt, dass der Preis der Untätigkeit hoch ist.

Die Plastikverschmutzung und ihr rasant wachsendes Ausmaß können – wie so viele Umweltprobleme – überwältigend wirken. Es ist sinnlos, sich das nicht einzugestehen. Wenn wir das Problem verharmlosen, belügen wir uns nur selbst, und alles, was wir dann dagegen tun, wird ungenügend bleiben. Stattdessen sollten wir uns der gewaltigen Aufgabe stellen, die vor uns liegt, und die Macht, die wir in unserem eigenen Leben und in unserer Umgebung haben, dafür nutzen. Wenn wir uns der Realität stellen, können wir der Zukunft kühn entgegensehen und darauf vertrauen, dass die Kraft von Millionen Menschen auf der ganzen Welt, die mit uns kämpfen, etwas bewirken muss. Wir dürfen dabei nicht vergessen, dass Kunststoffe auch Vorteile haben. Genau deshalb sind sie erfolgreich, und wir alle sind Nutznießer dieser Vorteile. Kunststoffe sind preiswert und hygienisch und haben die Lebensqualität von Millionen Menschen verbessert. Akzeptieren wir das wie den letzten Drink auf einer Party. Sie waren einmal eine gute Idee, aber die Folgen sind ziemlich übel.

Den einen richtigen Weg zur Plastikvermeidung gibt es nicht. Jedes Land und jede Gemeinde wird seinen/ihren Weg wählen, aber die Botschaft ist überall dieselbe: Wir müssen vor allem die Plastikherstellung einschränken.

Mit jeder neuen Studie über die Folgen der Plastikvermüllung erfahren wir mehr darüber, wie dieses Material, auf das wir so stark bauen, die Umwelt beeinflusst, von der wir abhängig sind. In den kommenden Jahren wird es weitere Forschungsergebnisse geben, die uns noch mehr mit den möglichen Gefahren für unsere Gesundheit und dem Ausmaß der Katastrophe für die Meere konfrontieren. Ich bin sicher, dass mit wachsender Einsicht auch der Wunsch wächst, auf Plastik zu verzichten – zum Wohle unserer Gesundheit, unserer Umwelt und zukünftiger Generationen. Die moderne Technik macht es möglich, sich miteinander auszutauschen und zu vernetzen wie niemals zuvor, und der Einzelne hat nun eine wichtige Rolle bei der Gestaltung der Gesellschaft. Die Tipps in diesem Buch helfen dir nicht nur, Plastik zu vermeiden, sondern zeigen dir auch, wie du deine Macht als Bürger, Wähler und Verbraucher einsetzen kannst. Es ist nichts Kompliziertes oder Radikales dabei, die Initiative zu ergreifen und Veränderungen zu verlangen. Gesunder Menschenverstand und ein begründeter Hinweis, warum du dir solche Sorgen machst, genügen bereits, um deine Mitmenschen von der Notwendigkeit zu überzeugen, Plastik zu vermeiden.

Hier noch einmal zur Erinnerung die Prinzipien, auf denen deine Kaufentscheidungen, deine Kampagnen und deine Ratschläge für Freunde, Angehörige und Kollegen fußen sollten:

- **Verweigere** die Verwendung von Plastik, wo immer du kannst – sag Nein zu Einwegplastikartikeln, die in unserem Leben »zum Mitnehmen« allgegenwärtig geworden sind.

- **Verringere** zu Hause und am Arbeitsplatz die Verwendung von Plastik soweit wie möglich – steige auf langlebigere Materialien um und überlege dir, wie du den Kauf von Plastikgegenständen vermeiden kannst.
- **Verwende** dauerhafte Alltagsgegenstände – lege dir die wichtigsten Dinge eines plastikfreien Lebens zu, wie eine Trinkwasserflasche und einen Mehrwegkaffeebecher.
- **Verwerte** den verbleibenden Plastikmüll – gib ihn, wann immer möglich, zum Recycling.

Vor allem aber folge stets dem Prinzip, das ich für das wichtigste bei der vor uns liegenden Veränderung halte:

- **Sage, was du denkst.** Lass es deine Freunde wissen, lass es die Geschäfte wissen, in denen du einkaufst, lass es deine Kollegen und die Lokalzeitung wissen. Die Bewegung zur Plastikvermeidung ist darauf angewiesen, dass sich ihr weitere Millionen anschließen – und du bist unverzichtbar für ihr Wachsen.

Plastik wird nicht einfach über Nacht verschwinden, und schon gar nicht ohne Widerstand. Die Bewegung zur Plastikvermeidung bedarf immenser Anstrengungen durch Millionen Menschen weltweit – Menschen wie dich, die sich um die Umwelt sorgen und zukünftigen Generationen die schönen Ozeane erhalten wollen, die wir bisher genießen zu können das Glück hatten. Diese Bewegung besteht bereits aus vielen Handlungen Einzelner, deren Auswirkungen auf dem Blauen Planeten schon zu spüren sind. Das klingt nach einer langwierigen Aufgabe, aber wenn uns die letzten drei Jahre eines gelehrt haben, dann, dass sich die Welt so schnell wie noch nie verändert, und Ziele, die einmal unmöglich schienen, jetzt erreichbar geworden sind. In einer Zeit, in der hoffnungsvoll stimmende Geschichten scheinbar knapp werden, bringt die Bewegung zur Plastikvermeidung Menschen aus allen Völkern und Kulturen zusammen und zeichnet die Vision einer Gesellschaft, die gemeinsam für zukünftige Generationen eine bessere Welt schafft.

Die Lösung liegt in unserer Fähigkeit, uns zusammenzutun und sofortige umfassende Maßnahmen einzufordern.

PLASTIK IN DEUTSCHLAND – EIN NACHWORT

von Manfred Santen, Experte für Chemie und Plastik bei Greenpeace Deutschland

Mein Kollege Will McCallum erwähnt in der Einführung zu seinem Buch die jüngste Antarktis-Expedition, die Greenpeace zu Beginn dieses Jahres durchgeführt hat. Dort, am Ende der Welt, haben wir Wasser- und Schneeproben entnommen um sie auf Mikroplastik und Industrie-Chemikalien zu untersuchen. Laborversuche haben unseren Verdacht bestätigt: Die Partikel unter dem Mikroskop waren Plastikfasern, die mit großer Wahrscheinlichkeit nicht aus der Region stammen, sondern aus den Industrieländern. Mit den Meeresströmungen werden Plastikteilchen global verteilt und verschmutzen selbst die entlegensten Gebiete dieser Erde.

Und nicht nur in der Anarktis zeigt sich eine solche Entwicklung: Im vergangenen Jahr war ich mit unseren Kolleg*innen von Greenpeace Südostasien an einem Strand in der Nähe von Manila auf den Philippinen. Wir waren völlig entsetzt angesichts des Ausmaßes, das die Plastikverschmutzung dort inzwischen erreicht hat. Ähnliche Bilder erreichen uns aus der Dominikanischen Republik und aus vielen anderen Regionen der Welt. Aufmerksam werden die Medien nur dann, wenn ehemalige Traumstrände auf Bali oder in der Dominikanischen Republik nicht mehr nutzbar sind, weil sie mit Plastikmassen übersät sind.

Doch man muss gar nicht so weit reisen, das Problem ist auch vor unserer Haustür offensichtlich – denn auch in Deutschland ist die Verunreinigung der Umwelt durch Plastik enorm. Unsere ehrenamtlichen Mitarbeiter*innen beteiligen sich jedes Jahr an Aufräumaktionen an Stränden der Nord- und Ostsee oder an Ufern von Flüssen und Seen in Deutschland. Sie berichten von immer größeren Plastikmengen, die sie einsammeln und dann fachgerecht entsorgen müssen. Wir finden auf Helgoland Vögel, die Plastiknetze für den Nestbau nutzen, was zur Folge hat, dass sich Jungvögel darin verfangen und verenden. Fische und Meeresfrüchte der Nordsee nehmen Plastikpartikel auf, und landen später dann auf unseren Tellern.

Während einer Schiffstour auf deutschen Flüssen haben die Expert*innen an Bord des Greenpeace Schiffes Beluga II Wasserproben entnommen und in vielen Proben Mikroplastik nachgewiesen. Solche Kunststoffpartikel können beispielsweise aus Reinigungs-, Pflege- und Kosmetikartikeln stammen, die beim Abspülen über den Abfluss in die Gewässer gelangen. Oder aber sie entstehen, indem Plastikmaterial durch Wasser, Witterungseinfluss und mechanische Beanspruchung zerkleinert wird. Am Ende wird jedes Plastikprodukt zu Mikroplastik, wenn es nicht zuvor eingesammelt und fachgerecht recycelt wurde.

Deutschland scheint – was Maßnahmen wie Einwegpfand betrifft – viel weiter zu sein als Großbritannien. Doch das täuscht: Wir in Deutschland produzieren pro Jahr ungefähr 220 Kilogramm Plastikverpackungen pro Person, das sind mehr als 18 Millionen Tonnen Plastikmüll, die jährlich entsorgt werden müssen. Damit liegt Deutschland in Europa weit vorn. Frankreich, England oder Italien folgen mit jeweils ca. 12 Millionen Tonnen. Je mehr Wohlstand desto mehr Plastikverpackungen also. Das Erschreckende ist: Laut Umweltbundesamt werden lediglich 50 Prozent des Plastikverpackungsmülls recycelt. Der Rest geht entweder direkt in die Verbrennung, ganz gleich, ob wir vorher alles sorgfältig gereinigt und in den gelben Sack sortiert haben. Oder aber der Plastikmüll wandert auf intransparenten Wegen irgendwohin, in der Vergangenheit oft nach Asien. Doch seit China seit Anfang 2018 unseren Müll nicht mehr annimmt, bleiben die Entsorger auf ihrem Plastikabfall sitzen und suchen nach neuen Entsorgungswegen, um in Ländern mit schlechteren Umweltstandards und niedrigeren Löhnen Kosten zu sparen. Offenbar gibt es Firmen in Malaysia, Indonesien und Vietnam, die Plastikmüll aus Europa annehmen. Was sie dort mit dem Müll machen, ist in großen Teilen unklar.

Hinzu kommt, dass der Aufdruck recycelbar auch in Deutschland oft reine Augenwischerei ist. Denn was nützt ein recycelbares Produkt, wenn es kein verbindliches Rücknahmegebot für die Produzenten gibt und das Recycling nicht stattfindet.

Ein hoher Anteil des Plastiks, das wir weltweit an Stränden und im Meer finden, sind Plastikverpackungen, die nach einmaliger Nutzung weggeworfen wurden. Oft sind das kleine Tüten, Sachets genannt, die für die bequeme Dosierung oder den schnellen Genuss von Gummibärchen, Haarwaschmittel oder Instant-Kaffees und –Suppen entwickelt wurden. Am Strand von Manila haben wir und viele Menschen aus der *Break Free From Plastic Coalition* sich die Mühe gemacht herauszufinden, wer diese in Umlauf gebracht hat. Wir haben also mehr als 54.000 Tütchen nach Markennamen sortiert. Spitzenreiter waren Verpackungen von Nestlé, Unilever und Procter & Gamble.

Die Hauptverantwortlichen für diese Misere sitzen in der Europäischen Kommission und in den Zentralen der Firmen, die die Wegwerfplastikprodukte für den Verkauf ihrer Waren herstellen lassen. Sie sind diejenigen, die Design- und Nachhaltigkeitsvorgaben machen können. Es ist im Falle der Philippinen unverantwortlich, einen Markt mit diesen Wegwerfverpackungen zu überschwemmen, wenn es dort kein Entsorgungssystem gibt. Doch auch generell muss man fragen: Warum müssen Gummibärchen, Schokoriegel & Co. überhaupt in kleinen Tütchen abgepackt werden, die dann wiederum in größeren Plastiktüten verpackt werden. Hier ist auch ein Ansatzpunkt für die Politik, sei es der Europäischen Kommission oder der deutschen Umweltministerin, steuerliche Anreize für ökologisch sinnvolle Verpackungen zu schaffen. Das Problem wird sich nur lösen lassen, wenn die Menge an verbrauchtem Plastik reduziert wird, das hat Will in diesem Buch sehr deutlich gemacht. Es liegt in der Verantwortung des Herstellers, sich über Materialbeschaffenheit, Wiederverwendbarkeit, Rücknahme und Entsorgung Gedanken zu machen, bevor die Produkte in den Verkehr gebracht werden.

Die Verantwortung für das Plastikproblem liegt demnach nicht in erster Linie bei den Verbrauchern. Aber auch wir müssen unseren Beitrag zur Lösung leisten, indem wir unser Konsumverhalten hinterfragen und verändern, und uns bewusst werden, auf wessen Kosten wir unseren Lebensstil führen. Viele von uns sind durch Werbung und Sozialisation darauf trainiert, möglichst viel und billig zu konsumieren. Man schaue sich nur einmal an, wieviel Plastikabfall nach einem einzigen Einkauf im Supermarkt oder nach einem Essen im Fast Food Restaurant übrig bleibt.

Andererseits gibt es auch Hoffnung. Übermäßiger Konsum geht keineswegs mit wachsender Zufriedenheit einher, wie eine internationale Greenpeace Studie 2017 nachgewiesen hat. Immer mehr Menschen folgen dem Trend zum Selbermachen und bewussten Konsum – kreativ werden, Gleichgesinnte treffen und Spaß haben. Greenpeace fördert diesen Trend mit Veranstaltungen wie Kleidertauschparties, Repair-Cafés, Food Swaps. Zero Waste Initiativen machen vor, wie wir unseren Plastikmüll-Fußabdruck minimieren können. Unverpackt-Läden erfreuen sich wachsender Beliebtheit.

Und endlich verkünden auch die ersten Supermarktketten, dass Plastik-Strohhalme und Plastik-Besteck, die zur einmaligen Nutzung bestimmt sind, aus den Märkten verschwinden sollen. Alternativen wie Strohhalme aus Metall oder Recycling-Papier stehen zur Verfügung. Ein erster kleiner Schritt in Richtung Umdenken. Doch es kann nur ein Anfang sein. Den Ingenieuren in der Verpackungsbranche fallen sicherlich noch eine ganze Menge weiterer Alternativen zu Wegwerfplastik ein wenn man sie machen lässt.

Will gibt mit seinem Buch ganz konkret Hinweise und einfach umzusetzende Tipps, wie wir als Verbraucher unsere Verhaltensweisen und Gewohnheiten beim Einkauf verändern können, um die Flut an Wegwerfprodukten aus Plastik einzudämmen. Es braucht diese konkreten Wegweiser, um durch das Dickicht aus Plastik hindurch zufinden und zu sehen: Der Verzicht auf Plastik kann sehr einfach sein. Wenn alle Menschen etwas verändern wollen, kann die Wirkung groß sein.

Hamburg, im August 2018

DANKSAGUNG

Natürlich schreibt man ein Buch nicht allein, sondern ist dabei auf das Fachwissen, die Ermutigung und die Ideen vieler Menschen angewiesen – zu vieler, um sie alle hier namentlich aufzuführen. Ich danke euch allen für eure Inspiration beim Schreiben. Selbstverständlich trage ich allein die Verantwortung für alle Fehler und Irrtümer, die im Buch vorkommen mögen, und bitte dafür ebenso um Entschuldigung wie für die eventuell vergessene Anerkennung von Beiträgen.

Insbesondere danke ich dem unglaublichen Greenpeace-Team, dessen Mitglieder unermüdlich für eine bessere Welt kämpfen, und all jenen starken und entschlossenen Menschen weltweit, die den Gefahren für die Umwelt tagtäglich mit Zuversicht, Entschlossenheit und Kraft entgegentreten. Besonderer Dank geht an jene, die diesem Buch Gedanken und Zeit gewidmet haben: Louise Edge, Luke Massey, Willie Mackenzie, Tiza Mafira, Arifsyah Nasution, Afroz Shah, Catherine Gemmell, Amy Meek, Ella Meek, Tim Meek, Rachel McCallum, John Staniforth, Alice Ross, Angus McCallum, Jamie Szymkowiak, Ben Stewart, Emily Robertson (und das ganze Team von Penguin Life), Alice Hunter, Grant Oakes, Sonny, sowie an die Bewegung Break Free From Plastic.

Ebenso danke ich all jenen, die mich auf dieser Plastikmission begleitet haben: Alexandra Sedgwick, Marcela Teran, Ariana Densham, Tisha Brown, Elena Polisano, Louisa Casson, Doug Parr, John Sauven, Emma Gibson, Pat Venditti, Damian Kahya, Dean Plant, Elisabeth Whitebread, Rosie Rogers, Paul Keenlyside, Rebecca Newsom, Fiona Nicholls, Frank Hewetson, Rachel Murray, Elsa Lee, Karen Rothwell, Sam Harding und der Campaign to Protect Rural England, Fiona Llewellyn und der Zoological Society of London, Have You Got The Bottle, der Marine Conservation Society, eXXpedition, City to Sea, der Environmental Investigation Agency, Fauna & Flora International, Break Free From Plastic, Kasia Nieduzak, Deborah McLean, Sebastian Seeney, Paul Morozzo, Tory Read, Melissa Shinn, Graham Forbes, John Hocevar, Paula Tejon Carbajal, Kate Melges, Sandra Schoettner, Manfred Santen, Christian Bussau, David Santillo, Paul Johnston, Melissa Wang, Eleanor Smith, Broken Spoke und vielen anderen. Für meine Angehörigen und Freunde, mit deren Unterstützung alles besser gelingt. Und für Joe, mit dem alles mehr Spaß macht.

ANMERKUNGEN

1   http://lewispugh.com/no-place-to-hide-from-plastic/
2   https://portals.iucn.org/library/sites/library/files/
documents/2017-002.pdf
3   Hartline, N. L., Bruce, N. J., Karba, S. N., Ruff, E. O., Sonar, S. U. und Holden, P. A. (2016), »Microfiber Masses Recovered from Conventional Machine Washing of New or Aged Garments«, in: *Environmental Science & Technology*, Bd. 50, Nr. 21, S. 11532–11538.
4   https://www.researchgate.net/publication/ 236926420_ Microplastic_Ingestion_by_Zooplankton
5   https://lifewithoutplastic.com/store/blog/plastic-free-reusable-organic-cotton-cloth-diapers-healthy-baby-planet/.

#BREAKFREEFROMPLASTIC

#BreakFreeFromPlastic ist eine globale Bewegung, die für eine Zukunft ohne Plastikmüll eintritt. Seit ihrer Gründung im September 2016 haben sich über 1060 Gruppen in aller Welt der Bewegung angeschlossen, um eine einschneidende Reduzierung von Einwegplastikartikeln und dauerhafte Lösungen angesichts der Plastikmüllkrise zu fordern. Gemeinsame Werte dieser Organisation sind Umweltschutz und soziale Gerechtigkeit. Ihnen folgen wir auf lokaler Ebene und vertreten eine globale, einheitliche Vision. Wenn du mitmachen willst: www. breakfreefromplastic.org.

GREENPEACE

Greenpeace ist eine weltweite Aktivistenorganisation mit dem Ziel einer grünen und friedlichen Welt – einer ökologisch gesunden Erde, auf der das Leben in all seiner Vielfalt bestehen kann. Wir verteidigen die Natur und fördern den Frieden, indem wir Umweltverbrechen nachgehen und öffentlich machen und die Verantwortlichen damit konfrontieren. Und indem wir uns für umweltverträgliche und sozial gerechte Lösungen der Probleme unserer empfindlichen Umwelt einsetzen. Wenn du dich für unsere Arbeit interessierst und gern mitmachen möchtest, schau bei www.greenpeace.org vorbei.